ro
ro
ro

MIT **kindern** LEBEN

HERAUSGEGEBEN VON BERNHARD SCHÖN UND BERND GOTTWALD

ZU DIESEM BUCH

Ein Nachmittag mit Kindern kann verdammt lang werden – wenn man nicht mehr weiß, was man unternehmen soll. Den Zoo kennen die Kinder längst auswendig, Museen finden sie genauso langweilig wie ihre Eltern, alle Filme sind geguckt, alle Schwimmbäder besucht, alle Spiele gespielt und alle Bilder gemalt. Langeweile? Dann übernachten Sie mit Ihren Kindern doch mal in einer Hängematte. Oder baden Sie im Schlamm, stauen einen Bach, verbeulen ein Auto, errichten eine Straßensperre, essen ohne Messer und Gabel oder lügen einen lieben langen Tag herum.

Der Starpädagoge Werner Kölbl hat ein Feuerwerk origineller Spielideen zusammengetragen von klassisch über verwegen bis herrlich verrückt. Ob zu Hause oder in der Natur, verboten oder verpönt, künstlerisch wertvoll oder sportlich bewegt, dieser Ratgeber ist ein sicherer Muntermacher für quengelnde und lustlose Kids – und für Eltern, Verwandte und Pädagogen.

WERNER KÖLBL

VERRÜCKT SPIELEN

113 freche Spielideen • Von Kindern empfohlen

Rowohlt Taschenbuch Verlag

rororo Mit Kindern leben
und
die Deutsche Liga
für das Kind
Partnerschaft für Eltern, Kinder und Familie

Veröffentlicht im
Rowohlt Taschenbuch Verlag GmbH,
Reinbek bei Hamburg, Dezember 2002
Copyright © 2000 by Eichborn AG,
Frankfurt am Main
Umschlaggestaltung any.way,
Barbara Hanke / Cordula Schmidt
Fotografie (Titel) Tony Stone,
(Rückseite) imagesource/T. Sanchez
(Innenteil) imagesource
Satz Photina und Meta Plus PostScript,
QuarkXPress 4.11
Gesamtherstellung Clausen & Bosse, Leck
Printed in Germany
ISBN 3 499 60990 8

Die Schreibweise entspricht den Regeln
der neuen Rechtschreibung.

Inhalt

Vorwort

Kapitel 1 | *Natur* 11

1. Luftlinie wandern / 2. Ein Gipfelkreuz errichten
3. Einen Fluss hinabschwimmen / 4. Auf Bäume klettern
5. Eine Natur-Rallye entwerfen / 6. Einen Bach stauen
7. Im Wald übernachten / 8. Nachts wandern
9. In einer Hängematte nächtigen / 10. Steinzeit spielen
11. Ein Feuer machen / 12. Ein Tier ausleihen
13. Einen Fluss überqueren / 14. Schlammbaden
15. Im Wolkenbruch duschen / 16. Sich fallen lassen
17. Fahrradtour / 18. Einen Baum pflanzen
19. Imbiss-Stand

Kapitel 2 | *Sammeln und Jagen* 33

20. Eine Sammlung anlegen / 21. Verstecken spielen
22. Farben oder Formen sammeln / 23. Pilze aufspüren
24. Eine Quelle suchen / 25. Edelsteine suchen / 26. Tee bereiten
27. Jagen gehen / 28. Fährten finden / 29. Gipsabdrücke
von Tierspuren nehmen / 30. Die Natur unter die Lupe nehmen
31. Zusammenzählen / 32. Raubvögel zeichnen
33. Fließgeschwindigkeiten messen

Kapitel 3 | *Zerstören* 49

34. Ein Gerät auseinander nehmen / 35. Ein Sparschwein
zerstören / 36. Ein Auto verbeulen / 37. Bandsalat produzieren
38. Einen Baum fällen / 39. Alte Kleidung zerreißen
40. Eine Wassermelone zerplatzen lassen / 41. Wasserschlacht

KAPITEL 4 | *Verboten und verpönt* 57

42. Schmatzen, rülpsen, furzen / 43. Leute ärgern
44. Eine Straßensperre errichten / 45. Das Gegenteil tun
46. Einen ganzen Tag lang lügen / 47. Geld ausgeben lassen
48. Angeln / 49. Auto fahren / 50. Cola trinken und
Weingummi satt / 51. Fernsehen / 52. Essen ohne Messer
und Gabel / 53. Sabberparty

KAPITEL 5 | *Sport und Spiel* 69

54. Golf / 55. Der Kaiser schickt seine Soldaten aus
56. Klettern / 57. Abseilen / 58. Radrennen
59. Schnellschwimmen / 60. Windskating / 61. Segeln
62. Schatzsuche / 63. Testessen

KAPITEL 6 | *Bauen* 79

64. Ein Floß bauen / 65. Ein Flugzeug konstruieren
66. Paragliding / 67. Ein Baumhaus bauen
68. Eine Luftseilbahn bauen / 69. Pappmonster
70. Eine Seifenkiste bauen / 71. Riesenschaukel
72. Papierflieger-Wettbewerb / 73. Waffen herstellen
74. Eine Sandburg bauen / 75. Einen Iglu bauen
76. Eissegeln / 77. Einen Hut filzen

KAPITEL 7 | *Kunst* 93

78. Performance / 79. Eine
Kunstsammlung anlegen
80. Museum / 81. Landschaft malen
82. Action-Painting
83. Zwölf-Ton-Musik
84. Ein Erdmonument errichten
85. Ein Buch herstellen

KAPITEL 8 | *Daheim* 101

86. Zelten / 87. Umzug
88. Luftballonmeer / 89. Dojo
90. Kostümfest / 91. Mode
92. Spiele selber entwerfen
93. Zirkus / 94. Plakat
95. Schminken / 96. Friseur
97. Einkaufen / 98 Sich bekochen lassen
99. Nudeln selber machen / 100. Party
101. Chaostag
102. Verreisen

KAPITEL 9 | *Kultur* 115

103. Einen Film drehen / 104. Theater
spielen / 105. Quiz / 106. Lexikonspiel
107. Ein Lied komponieren
108. Big Band / 109. Dia-Show
110. Rollentausch / 111. Reportage
112. Zeitung / 113. Dinge auflisten

Vorwort

Was würden Kinder tun, wenn sie könnten, wie sie wollten? Was würden Kinder unternehmen, anstellen, organisieren, arrangieren? Was käme ihnen alles in den Sinn? Das Beste ist, sie einfach danach zu fragen.

Zu fragen und den dann genannten Ideen nicht gleich ein erschrockenes Gesicht entgegenzuhalten, verlangt ja einen tiefen Blick in die eigene Psyche, in die eigenen Lebensregeln und -begrenzungen, und manchmal merkt man erst an gewagten und skurrilen Kinderideen, wie eng die eigene Welt geworden ist.

Kinder befürworten manchmal bedenkliche Aktionen, die Loyalität, Sicherheitsdenken und Abenteuersinn zu einer heiklen Gratwanderung werden lassen. Denn Kinder erleben anders als Erwachsene und setzen den eigenen pädagogischen Ansprüchen meist ein allzu klares *Nein* entgegen.

Die Ideen und Vorschläge in diesem Buch sind in der Mehrzahl privat entstanden, im Zusammenspiel mit meinen drei Neffen und deren Freunden und Freundinnen, über nunmehr 12 Jahre hinweg. Es sind realistische Spiele, allesamt ausprobiert, und manche davon mussten bis zum Überdruss wiederholt werden, so, als ob darin ein Geheimnis verborgen sei. Die meisten Spiele sind nicht gefährlich, sondern verwegen. Man kann das an sich selber beobachten, an dem seltsamen Gefühl, das beim Lesen mancher Ideen in einem hochsteigt und mit einem *Das kann man doch nicht machen* zur Sprache findet.

Gerade aus diesem Grund bin ich nahezu allen Vorschlägen und Anregungen aus Kindermund gefolgt und habe sie allenfalls dort gelinde modifiziert, wo zum Schutz von Leib und Leben feste Vorgaben nötig

waren. Es ist logisch, dass dieses Buch Eltern nicht von ihrer Aufsichts- und Fürsorgepflicht befreit. Betrachten Sie all die folgenden Spiele als Anstöße und Anreize und nicht als exakte Gebrauchsanweisungen oder Regelwerke. Sie und Ihre Kinder leben in eigenen Lebenszusammenhängen und werden deshalb die Ideen abwandeln und für sich selbst und Ihre Familie passend machen. Am Ende wird die Einsicht bleiben: Das Wichtigste ist, dass man überhaupt etwas tut und dass man es zusammen tut.

Kreieren Sie also Ihre eigenen Ideen! Wenn der Sonntagsausflug zum Fiasko auszuufern droht: *Na und?* Es ist der Einbruch des Neuen, des Unbekannten, des Kreativen, und es macht Spaß, ihm unbefangen und frisch zu begegnen.

München, im August 2000

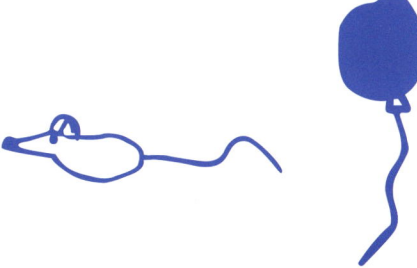

KAPITEL 1 | *Natur*

Man benötigt:
Wanderkarte, Lineal,
Bleistift, Kompass

Nehmen Sie eine Wanderkarte Ihrer Umgebung und ein Lineal. Markieren Sie Ihr Haus oder Ihre Wohnung; legen Sie das Lineal an und zeichnen Sie willkürlich eine Linie. Jetzt brauchen Sie sich nur noch auf den Weg zu machen und der Linie schnurstracks zu folgen. Lange wird Ihr Weg nicht währen, denn gleich, ob Sie in der Stadt oder auf dem Land wohnen, der erste Zaun, ein Heuschober oder eine allzu sumpfige Wiese werden Sie bald zu Umwegen zwingen. Für Kinder sind gerade diese Hindernisse und die Fragen *Wie geht es weiter?* und *Geht es überhaupt weiter?* ein Heidenspaß. Binnen kurzem werden sie die Karte lesen und mit dem Kompass hantieren wollen. Dabei lernen sie topographische Geländemerkmale zu identifizieren, Himmelsrichtungen zu erkennen und eine Peilung durchzuführen.

Dass Europa ein Kultur- und kein Naturland mehr ist, merkt man spätestens am nächsten Kartoffelacker. Einen solchen zu übertrampeln bereitet allerdings immer noch weniger Skrupel, als mit einer ganzen Horde Rabauken ein Getreidefeld flach zu legen. Der schlichte freie Gang gerät oft zu einem Akt der Zerstörung, gleich ob an Schachtelhalmen oder an Illusionen.

Manchmal tuckert ein Bauer auf dem Traktor vorbei und fragt in groben Worten, was man zwischen seinen Maisstängeln verloren habe. Mit einer pädagogischen Ausrede kann man sich retten: *Wir haben nur den Fruchtstand der Maiskolben untersuchen wollen!* Dann kann es vorkommen, dass man eingeladen wird, gleich den ganzen Hof kennen zu lernen, und vielleicht bekommt man sogar eine Brotzeit.

Variation:
Man tippt blind einen Punkt auf der Landkarte heraus und sucht ihn auf.

2.
EIN GIPFELKREUZ
ERRICHTEN

Man benötigt: Holz, Strick, Lötkolben

Die sonntägliche Quälerei, den Nachwuchs mit in die Berge zu bekommen, ist sofort vorbei, wenn Sie ein Gipfelkreuz mitnehmen, es oben errichten und einen Berg damit symbolisch in Besitz bringen. Jetzt ist es Ihr Berg. Er wird es nicht lange bleiben. Das nächste Gewitter oder der nächste Bergpurist werden das Kreuz in den nächstgelegenen Abgrund befördern, und dort wird es liegen bleiben, bis es verrottet. Aber das macht nichts – dann errichtet man eben ein neues. Man bemalt ein Holzbrett oder brennt mit dem Lötkolben die Namen der Bergsteiger ein. Zusätzlich braucht man einen Meter Hanfstrick, und ein rechter Stecken ist beim Anstieg immer schnell gefunden. Oben angekommen, trägt man einen Steinhaufen zusammen, wickelt die Schnur um Holz und Stock und rammt den Stock fest zwischen die Steinbrocken. Fertig ist das Gipfelkreuz!

Variation:

Fahne und Wimpel statt Holz. Blechkunstwerk aus den Dosen, die man unterwegs aufgeklaubt hat. Spendieren Sie ein Gipfelbuch. Richten Sie einen Kinderbriefkasten ein.

3.
EINEN FLUSS
HINABSCHWIMMEN

Man benötigt:
Schwimmweste,
Schuhe, Knieschutz

Nichts spricht dagegen, die Flüsse
hinabzuschwimmen, die sich auch
Paddler hinuntertreiben lassen.
(Achten Sie auf Laich- und Brutzeiten
von Fischen und Wasservögeln.)
Es muss ja nicht gerade ein eiskalter
Gebirgsbach sein, in dem man sich
zudem bei niedrigem Wasserstand
an den Felsen schnell die Knie zer-
schrubbt.
Suchen Sie sich lieber den Ablauf
eines Sees. Dort ist in der Regel
wenig Strömung und die Wassertem-
peratur zumindest in den Sommermo-
naten erträglich. Wenn man noch nie
in einem Fluss gebadet hat, empfiehlt
sich zunächst eine Uferbegehung.
Suchen Sie eine Stelle mit niedrigem
Pegel: 40, 50 cm genügen vollauf,
und lassen Sie sich einfach mal 100 m
hinuntertreiben. Dann laufen Sie am
Ufer wieder zurück, und das Spiel
beginnt von neuem.

Variation:

Schwimmen Sie stromauf! Spannen
Sie ein Seil über den Bach, halten Sie
sich daran fest und kämpfen Sie
gegen die Kraft des Wassers. Klem-
men Sie sich ein Bodyboard unter den
Bauch oder eine Luftmatratze.

4.
AUF BÄUME KLETTERN

Man benötigt: je nach Sicherheitsbedürfnis 1 Seil, 1 Kinderklettergurt, 1 Bergseil

Schwierig sind meist die ersten Meter. Oft sind die ersten Äste zu hoch, um sich daran hinaufzuschwingen. Da hilft ein Seil, das als Aufstiegshilfe über einen Ast geworfen wird.

Buchen sind wunderbare Kletterbäume. Wenn sich die Astabstände so vergrößern, dass es nur noch einen Haltepunkt gibt, begreift man schnell die Drei-Punkte-Regel alpiner Klettertechnik: Mit drei Körpergliedern hat man festen Stand oder Halt. Nur jeweils eine Hand oder ein Fuß sucht nach neuem Griff oder Tritt.

Weit oben dann beginnt ein Baum sein sanftes Wiegen im Wind, und man glaubt sich einem gefährlichen Schwanken ausgesetzt und fühlt sich doch toll dabei.

Wenn Sie sichergehen wollen, dann besorgen Sie einen Kinderklettergurt und 40 m Bergseil. Das ist eine universale Investition, denn Seil und Gurt lassen sich in zahllosen Abenteuern sinnvoll verwenden.

Variation:

Klettern Sie von Baum zu Baum, zunächst in geringen, dann in großen Höhen. Schrauben Sie die Herausforderung höher: Buchen, Birken, Fichten, Tannen.

5.
EINE NATUR-RALLYE
ENTWERFEN

Die Natur ist ein einzigartiges Spielfeld. Aufgaben und Regeln für eine Schatzsuche, für Wissens- und Geschicklichkeitsspiele etc. sind schnell ersonnen und vereinbart, und die Grenzen des Spielfeldes lassen sich je nach Alter der Kinder weiter (Naturpark, Stadtwald) oder enger (Garten, Stadtpark) stecken. Die Aufgaben einer Rallye sind beliebig zu variieren – mit Zeit- und Wegvorgaben oder auch anderen Aufgabenstellungen. Der Phantasie sind keine Grenzen gesetzt.

1. Du hast dich im Wald verlaufen. Du weißt, dass du, um aus dem Wald herauszufinden, nach Norden gehen musst. Wie erkennst du, ohne Kompass, die richtige Richtung?

2. Zähle umgestürzte, entwurzelte Bäume. Identifiziere diese Bäume und fertige eine Statistik darüber an.

3. Bringe ein Glas Flusswasser mit. Wie würdest du das Wasser behandeln, um es genießbar zu machen?

4. Welche Tierspuren hast du entdeckt? Mache zu jedem Abdruck eine Zeichnung.

5. Suche einen Quarzstein und bringe ihn mit.

6. Sammle drei Bucheckern, drei Kastanien, vier Ahornblätter in den Farben Gelb, Rot, Grün, Orange sowie ein Stück morsche Buchenrinde, eine Feder, ein Stück Knochen.

7. Wozu verwendet man Brennnesseln?

8. Bring ein Beispiel für Rehverbiss mit!

9. Rubble die Rinde einer Buche auf ein Blatt Papier.

10. Sammle Essbares: Himbeeren, Walderdbeeren, Hagebutten, Kräuter und andere Früchte, die wild im Wald wachsen.

11. Zeichne den Umriss einer Linde auf ein Blatt Papier.

12. Welche Sorten von Pilzen hast du entdeckt? Bitte nicht ernten! Welche davon sind genießbar und welche giftig?

13. Bringe alles Nötige, um ein Feuer nach der Naturmethode entfachen zu können, also ohne Feuerzeug und Streichhölzer.

14. Halte Ausschau nach Raubvögeln. Zeichne die Form der Flügel. Notiere Flug- und Jagdverhalten.

15. Finde ein vierblättriges Kleeblatt.

6.
EINEN BACH STAUEN

Man benötigt: Gummistiefel

Welch wunderbare Arbeit! Jeder Zweijährige kann und wird mitmachen wollen!

Und jeder Erwachsene auch! Eigentlich braucht man nichts außer einem kleinen Bach, der sich in einem steinigen Bett irgendwo hinunterschlängelt. Nun greifen Sie nach ein paar losen Steinen, verkeilen sie zwischen anderen, und schon ändert das Wasser seinen Lauf. Ein bisschen Laubwerk und angeschwemmtes Gezweig dazwischengeklemmt – nun staut sich das Wasser immer weiter zurück und erhöht den Druck auf den Damm.

Jetzt den Schlussstein entfernen, und der Schwall reißt das ganze Bauwerk ein! Ein herrliches Geschehen, das erst dann sein Ende findet, wenn die Hände – zumal in eiskalten Gebirgsbächen – zu erfrieren drohen.

Vielleicht ist es die Magie des fließenden Wassers, vielleicht das subtile Gefühl von Macht, den Gang der Natur dem eigenen Willen gemäß verändern oder gar aufhalten zu können, vielleicht die Lust am Dammbruch, am großen Guss, dem rückhaltlosen Überschwemmen – was auch immer –, irgendeine Faszination muss darin eingegossen sein, und Kinder haben ein feines Gespür hierfür.

7.
IM WALD ÜBERNACHTEN

Man benötigt:
Liegematte, Schlafsack

Bundesdeutscher Wald ist eine harmlose Spielwiese im Gegensatz zu italienischen Olivenhainen, wo sich Schlangen, die Wärme suchend, am liebsten mit in Ihren Schlafsack kuscheln wollen. Im lichten Fichtenforst liegend, wird Ihnen keine böse Überraschung zuteil werden. Trotzdem ist das simple Übernachten im Gehölz mit das Aufregendste, was Sie mit Kindern machen können.

Wenn Sie ein Fahrzeug besitzen, parken Sie es am Waldrand und gehen beim ersten Mal nur wenige Meter hinein in den Wald, sodass bei Irritationen das Fluchtauto parat steht, um alle sicher nach Hause zu bringen ins gewohnte Bett.

Nun entrollen Sie die Liegematten, schlüpfen in den Schlafsack und legen sich zur Ruhe, bis Ihnen die ersten Sonnenstrahlen ein freundliches «Guten Morgen» schenken.

Von wegen! Es gibt genügend Leute, die selbst in 5-Sterne-Hotels kein Auge zutun, weil sie das häusliche Umfeld vermissen: die gewohnte Härte der Matratze, den Geruch der Bettwäsche und die vertrauten Geräusche von Wecker und Kühlschrank. Aus diesem Grund investieren Menschen oft Hunderttausende von Mark, um mit Wohnwagen und Wohnmobil ihr eigenes Heim mitzuschleppen und darin heimelige Sicherheit zu finden. Aber keine Wände neben sich zu haben, keine Tür, die zu versperren wäre, keine Fenster, die den Lärm der Außenwelt draußenhalten – das ist doch gerade das Spannende!

Ein Wispern, Zirpen, Fiepen, Glucksen, Schnarren, Ächzen, Knarzen, Scharren und Schmatzen – es ist immens, welche Vielzahl von noch nie im Leben vernommenen Lauten es im Wald zu hören gibt.

Es ist wie eine fremde Welt voller Lebendigkeit, der man ängstlich lauscht und die gleichzeitig fasziniert.

Variation:

Übernachten Sie in Ihrem Auto, in einem Heuschober oder draußen bei Regen. Schlafen Sie im Wald, wenn der Sturm pfeift. Zelten Sie im Schnee. Verbringen Sie die Nacht schlaflos im Jägerstand.

8.
NACHTS WANDERN

Am besten beginnt man bei gutem Wetter auf dem Land: Dort ist der Sternenhimmel oft überwältigend klar und eindrucksvoll.

Als Auftakt wählt man eine wenig befahrene Teerstraße, wechselt dann auf Feldwege und wandert zuletzt über Wiesen hinein in den dunklen Wald.

Anfangs wird man in jede Pfütze latschen und über jede Wurzel stolpern, die sich einem anbietet. Mit der Zeit jedoch entwickelt der Körper eine eigene Wahrnehmung, und man spürt seine Signale, die feinen Momente des Zögerns und Innehaltens.

So wie sich das Auge dem wenigen Licht anpasst und im Dunkeln zu sehen lernt, so scheinen auch die Füße zu lernen, und aus einem vorsichtigen Tapsen wird ein sicherer Gang.

Variation:
Besteigen Sie nachts einen Hügel, einen Berg. Gehen Sie schweigend oder in Abstand zueinander. Überqueren Sie eine Kuhwiese mit Kühen darauf.

Man benötigt:
Hängematte,
Schlafsack, Strick

Kinder lieben es, in der Hängematte schwingend, hoch oben im Baum zu nächtigen. Zumindest bis ihnen Zweifel kommen wegen der Höhe, der Schaukelei, einer ungewohnten Schlafstellung und eines möglichen Herauspurzelns. Mit zunehmender Höhe empfiehlt es sich, die Kleinen anzugurten und bis zur Klage *Ich will runter!* in Sicht- und Rufnähe zu verweilen.

Besonders gut eignen sich laue Sommernächte im eigenen Garten. Man befestigt dazu die Seile der Hängematte an zwei Bäumen, an Dachrinne, Garagenwand oder Zaunpfosten so, dass die Hängematte knapp über dem Boden schwingt. Dann können die Naturburschen und -mädchen, wenn sie Mut oder Laune verlässt, jederzeit herausklettern und zurückkehren ins eigene Bett.

Zusammen mit den Kindern lässt sich eine Hängematte aus kräftigem Nessel, ein paar Metern Hanfseil und zwei Bambusstangen leicht selbst anfertigen. Besonderen Spaß macht es, sie zusätzlich zu bemalen oder zu färben.

Tipp:

Brasilianische Indianer schlafen nicht längs, sondern schräg in der Hängematte. Dies entlastet die Wirbelsäule, da man so annähernd waagerecht liegt.

10.
STEINZEIT SPIELEN

Man benötigt: Literatur, Museumsbesuch

Bevor Sie Ihre Zeitreise organisieren, empfiehlt es sich, einschlägige Fachliteratur zu konsultieren. Besonders für Kinder finden sich hier zahlreiche und anregende Veröffentlichungen. Oder Sie planen vorher einen entsprechenden Museumsbesuch, um Anregungen zu sammeln, wie man sich als Jäger und Sammler zu benehmen hat.

Für die Steinzeitgarderobe besorgen Sie ein paar Kartoffelsäcke, schneiden drei Löcher hinein für Arme und Kopf, vielleicht noch ein Strick um die Hüfte gebunden, und los kann's gehen: barfuß natürlich!

Barfußgehen allein wäre schon Abenteuer genug: Barfuß im Schnee herumzutapsen, mit nackten Füßen über taufeuchte Wiesen zu rennen, sommerheiße, aufgeweichte Teerstraßen zu überqueren, das Piksen tausendfach gefallener Nadeln im Wald, weiches Moos, morastige Pfützen, kalten Schlamm, der sich durch die Zehen pressen lässt, Splitter, die man sich eingetreten hat, Dornen und Wespenstiche – so viel haben die Fußsohlen schon lange nicht mehr gespürt.

Mit einer Reise in die *Steinzeit*, das heißt in das nächstgelegene Brachland oder Waldgebiet, richtet sich das Augenmerk plötzlich auf scharf zerbrochene Steine, unscheinbare, aber essbare Kräuter, breite Rindenstücke, die man sich mit Farnen unter die Fußsohlen binden kann – auf Dinge also, die man als Werkzeuge benutzen könnte oder als Mittel zum Überleben.

Schnitzen Sie einen Wurfspeer, suchen Sie einen Faustkeil, fertigen Sie Pfeil und Bogen, drehen Sie Fasern zu einer Schnur, schlagen Sie für ein Feuer mit Steinen Funken, bauen Sie einen Unterstand. Beginnen Sie Zivilisation!

Variation:

Reisen in die Zukunft! Bauen Sie sich ein Spacelab, eine futuristische Kommandozentrale, tragen Sie Raumanzüge, verspeisen Sie Astronautennahrung (100-ml-Dosen mit 2000 Kalorien bekommen Sie in Body-Building-Shops) …!

Für viele Kinder ist das einzige offene Feuer, das sie je gesehen haben, der Gaskocher beim Camping gewesen – und da stand dann meist noch der Wassertopf für die Spaghetti drauf. Feuer, kokeln, zündeln und Kerzen ausblasen hat für Kinder eine magische Anziehungskraft, während es bei Eltern meist Panik auslöst.

Wählen Sie für das Lagerfeuer zum Beispiel einen abgeernteten Kartoffelacker. Zeigen Sie den Kindern, wie man einen Zunder bereitet. (Etwa indem man trockene Fasern sammelt, in die Hosentasche steckt und sie während des Gehens mit den Händen zu Pulver zerreibt.) Wie vergeblich es ist, nasses Holz entzünden zu wollen, welches brennbare Material gewählt werden muss, wie man ein Lagerfeuer schichtet, Steine darum setzt und wie man ein Brennglas handhabt. Üben Sie mit Funken- und Reibemethode und zu guter Letzt: mit Streichhölzern.

Man beobachtet das Auflodern, Niederbrennen, Verglimmen, Verschwelen des Feuers, und zwischendrin wirft man ein paar in Alufolie verpackte *Sieglinde* in die Glut.

Besonders eindrucksvoll ist ein Lagerfeuer natürlich nachts.

Variation:

Grillen Sie draußen. Veranstalten Sie ein Feuerspringen. Verbrennen Sie Ihre Sorgen. Geben Sie Rauchsignale.

Man benötigt: Tier

Fast jedes Kind will irgendwann mal ein Haustier sein Eigen nennen – und wenn's nur ein Hamster ist oder eine Ratte.

Aber ein Tier macht bekanntlich Arbeit und bringt Verantwortung. Wo der Besitz allzu drastische Einschränkungen nach sich zieht (wohin damit im Urlaub?), ist die Ausleihe eines Tieres ein Mittelweg zwischen Wunsch und Realität. Manchmal ist es ja die Oma von gegenüber, die den Nachbarkindern ihren geliebten Hund anvertraut, damit er von ihnen ausgeführt wird. Auch in manchen Tierheimen bekommen Kinder, wenn sie sich vorher ein bisschen interessiert gezeigt oder gar schon mitgearbeitet haben, ein Tier an die Hand und können Kontakt und Beziehung aufbauen. Man kann natürlich auch ein Tier von Bekannten in Pension nehmen.

Richtig interessant aber wird das Ausleihen nicht mit einem Wellensittich im Käfig, sondern mit etwas richtig Großem: einer Kuh! Wenn Sie nicht auf dem Land wohnen und einen Bauern bitten können, Ihren Kindern mal für eine Stunde die Zenzi zu leihen, dann empfiehlt sich ein «Urlaub auf dem Bauernhof». Eine einzige Stunde Gassi-Gehen mit Zenzi, einer ausgewachsenen Kuh Auge in Auge gegenüberzustehen, ihr trotz Furcht erregender Hörner einen Strick um den Hals zu legen und sie zu einem Gang bringen zu wollen, der sie nicht dem heimatlichen Stall zu bewegt, ist ein echtes Abenteuer!

Man benötigt: Badehose

Sie stehen am Ufer eines ansehnlichen Flusses. Sie möchten hinüber zur anderen Seite, aber eine Brücke ist nicht in Sicht. Ihre Kinder schlagen keck vor: *Dann schwimmen wir halt rüber.* Entweder erklären Sie nun, warum das viel zu gefährlich sei, oder sie antworten: *Genau das tun wir jetzt.*

Besser ist es allerdings, ganz klein zu beginnen und erst mal einen Entwässerungsgraben zu überspringen. Hier kommt es manchmal zu viel Gelächter, wenn Väter, die ihren letzten Weitsprung mit 16 im Schulsport gewagt haben, nun in irriger Verkennung der Folgen 20-jähriger sportlicher Abstinenz an der Weite von 1 Meter 20 scheitern und sich nicht nur nasse Füße holen, sondern sich gleich der Länge nach in den Bach legen.

Steigern Sie sich nun an einem Wiesenbach, den zu durchwaten angesichts geringer Wassertiefe auch Kindern möglich ist. Hier sammeln alle erste Erfahrungen mit gelinder Strömung, spitzen Steinen und algenrutschigen Kieseln. Nun kann man sich an einen flachen, aber mehrere Meter breiten Fluss heranwagen, die Hosen hochkrempeln und sich, vielleicht mit der Hilfe eines Stocks, ans andere Ufer herantasten. Für Kinder ist das besonders spannend, denn wenn uns Erwachsenen das Wasser gerade mal an die Wade reicht, steht es Kindern schon über die Knie, und das bedeutet, je nach Strömung, einen ganz gehörigen Wasserdruck.

Die Krönung ist natürlich, einen Fluss zu durchschwimmen. Aber Obacht! Flüsse und Bäche verfügen mitunter über eine kraftvolle Strömung, die man vorher prüfen und richtig einschätzen muss.

Variation:

Ein Seil über den Fluss spannen, sich daran hinüberhangeln oder es als Zug- und Tragseil für eine Fähre, etwa eine Luftmatratze, verwenden.

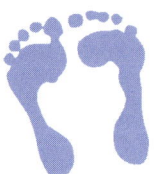

Man benötigt: Badehose

Ein passendes Schlammloch finden
Sie in der Umgebung mooriger Seen
und Weiher. Es ist zu empfehlen, ein
solches Schlammloch nicht allzu weit
vom Wasser aufzusuchen, denn man
muss sich die schwarze Packung
schließlich auch wieder vom Leibe
waschen. (Wenn man mit der braunen
Brühe auf der Haut allzu lange in der
prallen Sonne ausharrt, dann muss
man damit rechnen, dass der Torf
nicht mehr aus den Poren herauskommt und unter den Fingernägeln
hervor erst recht nicht.) Kinder haben
große Freude an solchen Verwandlun-
gen und schmieren sich den Schlamm
über Gesicht und Bauch und ins Haar,
bis sie wie wahre Monster aussehen.
Auf manchen Schlammlöchern liegt
es sich wie im Wasserbett, und in
manchen versinkt man bis zur Hüfte,
sodass man ohne fremde Hilfe nicht
mehr herauskommt – Vorsicht!
Am meisten Spaß macht es natürlich,
Anlauf zu nehmen und mit einem
Plopp und Platsch einen gewagten
Sprung hinein in den Morast zu tun.
Natürlich mit dem Hintern voran!

Variation:

Wenn ein Schlammloch fehlt, bringen
Sie einfach einen Eimer Erde vom
nächstgelegenen Acker mit, wässern
ihn an, bis er taugt für Indianer-
Maskerade, Schlammschlacht oder
Monsterüberfall.

Man benötigt:
Badehose, Plastikfolie

Viele Kinder lieben es, in den warmen Sommerregen hinauszurennen, der vom Himmel herunterprasselt, und die schwer fallenden Tropfen auf der Haut zu spüren.

Meistens ist es ein mit großem Geschrei verbundenes aufgeregtes Hin und Her zwischen schützendem Dach, hinaus auf die Wiese und wieder zurück.

Der Aufenthalt im Freien lässt sich verlängern, wenn man eine 5 x 5 m große Plastikfolie mit in den Regen nimmt, entweder, um sich vor ihm zu beschirmen, oder aber, um ihn aufzufangen. Jedes Kind besetzt dazu eine Ecke, zieht die Plane über sich, und so sammelt sich in der Mitte der Folie das Wasser, bis das Gewicht nicht mehr zu halten ist. Nun sucht man ein Opfer, dem man einen Schwall übergießen könnte, oder man tütet das Wasser ein und schleift es mit sich herum. Wenn man den Bereich in der Mitte der Folie fein löchert, erhält man ein Brausesieb und kann richtiggehend duschen.

16.
SICH FALLEN LASSEN

Schon Babys entzückt das Auf und Ab, das Wiegen und Wippen, und welches Lustgeschrei erntet man, wenn man einen Einjährigen in die Daunen wirft! Auch später werden alle Gelegenheiten genutzt, und man lässt sich rückwärts in den Schnee fallen und vorwärts in aufgetürmte Laubhaufen, hüpft wagemutig vom Dreier-Brett im Freibad und springt vom Garagendach auf die unten aufgetürmten Matratzen.
Manchmal findet man einen Heuschober und kann darin drei Meter tief ins Stroh springen. Oft genügt das aufgehäufte Gras vom frisch gemähten Rasen oder der Haufen Reisig, den man im Wald unter einem schönen Kletterast aufschichtet.
Oder man stapelt zu Hause eine Kissenlandschaft auf.

Man kann sich auch pendeln lassen, wenn man ein 20 m langes festes Seil an einer Brücke oder einem Baum festknotet. Für einen ausreichend bequemen Sitz bohrt man ein Loch in einen Holzteller, führt das Seil hindurch und verknotet es. Jetzt hat man mehr als 18 m Auslenkung und einen schwerelosen Moment im Umkehrpunkt. Zwar keinen freien Fall, aber ähnliche Empfindungen. Kleinere Kinder sollte man an das Seil gurten oder den Pendelschlag begrenzen.

Man benötigt:
Fahrrad, Camping-
Ausrüstung

Tour heißt hier nicht Tagesausflug, sondern mehrtägige Fahrt. Ein Abenteuer sondergleichen! Spaß und Strapaze zugleich: herrliche Rundumblicke, rasante Abfahrten und quälende Anstiege. Ein Fahrrad ermöglicht ja nicht nur relativ zügiges Vorwärtskommen, sondern auch einen intensiven Kontakt zu Flora und Fauna, wenn man auf Feldwegen und stillen Nebenstrecken dahinradelt. Man bestimmt sein eigenes Reisetempo, kann jederzeit anhalten und jederzeit weiterfahren und übernachten, wo es einem gefällt. Dazu braucht es nicht viel: Schlafsack, Liegematte, 2-Mann-Bergsteigerzelt, Gaskocher und Tütensuppe sind schnell verstaut, und schon geht's ab. Zur Not gibt es in jedem Dorf eine Wirtschaft oder einen Pizzabäcker, und ein Fremdenzimmer ist meist auch schnell gefunden. Mit Fahrrad und Kind unterwegs zu sein – da werden einem alle Türen geöffnet.

Interessant ist es auch, Natur mit Kultur zu verbinden und die große Ferienfahrt unter ein Motto zu stellen: Mit dem Mountainbike auf Hannibals Spuren! Exakte Grenzumrundung Mecklenburg-Vorpommerns! Auf antiken Römerstraßen nach Gallien! Mit dem Fahrrad zur Verwandtschaft! Hier ist dann oft wochenlange und vergnügliche Planung angesagt mit Literaturstudien und Routenauswahl.

Variation:

Wandern von Hütte zu Hütte. Reisen nur mit öffentlichen Buslinien. Mit einem Schäfer mitziehen. Unterwegs mit Planwagen und Pferd ...

Man benötigt:
Baum, Spaten

Es ist ein Ritual und äußerlich betrachtet ganz einfach: Sie gehen in ein Gartencenter, kaufen einen Baum, fahren damit in die Natur, graben ein Loch und setzen den Baum ein. Mehr ist eigentlich nicht zu tun.

Einen Baum zu pflanzen, also ein Pflanzenwesen, das länger lebt als die Kinder und Enkel, mit denen man diese Arbeit tut, verlangt ein außerordentliches Maß an Sensibilität und Aufmerksamkeit. Deshalb ist diese Aktion voller Symbolik.

Üblicherweise pflanzt man deshalb einen Baum in den eigenen Garten oder stellt ihn eingetopft zumindest auf ein Areal, den eigenen Balkon etwa, das man als zu sich gehörig empfindet.

Zunächst also gilt es, einen schönen Platz für den Baum zu finden, und das ist nicht einfach. Hierzulande gehört alles irgendwem. Wenn Sie Ihren Baum nicht unerlaubt pflanzen wollen, werden Sie den Grundeigentümer fragen müssen. Wichtig ist, viel Zeit damit zu verbringen, einen geeigneten Standplatz zu finden: voll Licht, guter Boden, schöne Aussicht und mit Baumfreunden drumherum. In Nutzwälder, die alle 30 Jahre abgeholzt werden, sollte man nicht pflanzen. Beim Umherstreifen lernt man viel über Baumarten und Wachstumsbedingungen. Am schönsten ist, den eigenen Baum jedes Jahr zu besuchen und nachzusehen, was aus ihm geworden ist.

19.
IMBISS-STAND

Man benötigt:
Kisten, Holzbrett,
Dosen, Riegel

Was machen Radfahrer an einem schönen Sommersonntag? Einen Ausflug. Richtig. Wer viel radelt, den dürstet und der hungert. Darum ist das Ziel eines jeden Radlers immer irgendeine Landgaststätte. Hier setzt unsere Geschäftsidee an: Imbiss-Stand heißt, den geschundenen Leib des Sportlers auf dem Weg dorthin mit lebenswichtigen Vitaminen, Mineralien und Aufbaustoffen zu versorgen. Oder einfach nur mit einem Becher Mineralwasser.
Man baut seinen Imbiss-Stand also dort auf, wo viele Radler vorbeikommen: zwei Holzkisten, ein Brett drüber, vielleicht noch ein Sonnenschirm und davor ein Pappschild mit dem Angebot und den Preisen. Im * Imbiss-Stand bietet man nur Leitungswasser aus dem Kanister an oder eine kleine Gesichtsdusche mit der Gießkanne. Beim ** Imbiss-Stand gibt es schon Plastikbecher und gekühlte Getränke aus der Campingbox. Selbst gebackenen Kuchen, Energieriegel, Powerdrinks und einen Liegestuhl zum Ausruhen bietet der *** Stand.

Natürlich ist das formal gesehen eine illegale Aktion, und wenn man Pech hat, kommt die Polizei, bricht die Veranstaltung ab und faselt etwas von elterlicher Aufsichtspflicht, Gewerbeschein und Genehmigungsverfahren.
Auf dem Land, wo man sich kennt, ist vieles leichter zu realisieren als in der Stadt. Manchmal hilft es, Polizisten mit einer frischen Limonade zu bestechen, besonders, wenn sie in ihrem Auto schwitzen und neidisch auf die Radler blicken.

Ein Imbiss-Stand macht Kindern so viel Spaß, dass man trotz behördlicher Reglementierungen nicht darauf verzichten sollte. Flohmärkte, lokale Feiern, Second-Hand-Märkte, Pfarrfeste, Kulturveranstaltungen, Dritte-Welt-Tage bieten sich an – kurz alles, wo man sich unter dem Schutz einer Genehmigung tummeln kann wie der Hecht im Karpfenteich. Kinder erkennen recht schnell, wie man einen Stand erfolgreich betreiben muss und dass man mit minimalem Aufwand ganz schön was verdienen kann.

KAPITEL 2 | *Sammeln und Jagen*

20.
EINE SAMMLUNG
ANLEGEN

Wenn man nicht gerade vierblättrige Kleeblätter sucht, also etwas, was kaum zu finden ist, sondern eher banale Dinge wie runde Kiesel, gelbe, braune, rote Blätter, schwarze Erde, tote Tiere, plattgefahrene Frösche oder vergammelte Blechdosen, dann macht Sammeln viel Spaß.

Kindern gefällt es, etwas zu sammeln, was sonst keiner zu Hause hat, und die Bestände dann stolz präsentieren zu können.

Jeder Spaziergang im Wald verwandelt sich in eine Expedition. Was man da alles findet: Glasscherben, leere Patronenhülsen, rostige Metallteile, Schuhsohlen!

Und warum nicht auch Knochen sammeln? Manchmal findet man zwischen den Bäumen sogar das Schulterblatt einer ausgewachsenen Kuh.

Das Suchen hat sein eigenes Mysterium, und man stößt oft auf Dinge, die man niemals erwartet hat.

Variation:

Absuchen von Skipisten nach der Saison, von Stränden nach einem Sturm, Tauchen rings um Badestege nach Uhren und Schmuck ...

21.
VERSTECKEN SPIELEN

Dies ist der absolute Renner und Klassiker! Während einer oder eine bis 20 zählt, verstecken sich die anderen in Haus, Garten oder Natur und warten, bis sie gefunden werden. Es ist ein Spiel ohne Altersgrenze: Die Zwei- wie die Zwanzig- und Fünfzigjährigen können gemeinsam daran teilnehmen und ihren Spaß haben. Es ist dem Spiel förderlich, die eigene Stimme beim Aufspüren laut erklingen zu lassen, also mit sich selber zu reden (*Ja wo steckt denn der Benedikt, ich glaube, hinter dem Sessel, nein, da ist er nicht, dann schau ich mal unter das Sofa ...*), das gibt Anhaltspunkte und steigert die Dramatik bei denjenigen, die nun wissen: *Ah, jetzt ist er ganz nah!*
Mit das Beste am Versteckspiel ist, dass Sie nichts dazu brauchen. Kein Zubehör, keine Vorbereitung, keinen Spielplan. Es ist immer und fast überall spielbar und draußen, in wilder Landschaft, besonders aufregend.

Variation:

Blindekuh; dabei werden dem Suchenden die Augen verbunden. Besonders lustig mit Papa als tapsigem Bären.

22.
FARBEN ODER FORMEN SAMMELN

Die Natur liefert im Laufe der Jahreszeiten Farben in einer unglaublichen Vielfalt und Brillanz. Wie viele unterschiedliche Grüntöne gibt es, wenn man nur genau hinschaut! Die Orinoko-Indianer etwa haben mehr als 600 Wörter nur für den Farbbereich «grün».

Am einfachsten und schönsten sind natürlich Blätter im Herbst, wie z. B. Ahorn. Aber auch Birke, Buche, Apfel haben wunderbare Farbspektren und feinste Nuancen.

Die Blätter lassen sich in Alben zu schönen Farbreihen archivieren oder direkt im Wald zu Farbkreisen und -mustern anordnen.

Neben Blättern lässt sich alles Mögliche auflesen: Steine, Zweige, Rinde, Früchte, Tannenzapfen … Die Vorgabe muss dabei nicht unbedingt Farbe heißen. Formen zu suchen, zum Beispiel einen kreisrunden Kiesel, erfüllt den Finder manchmal mit einem Stolz, als hätte er ihn selber geschliffen.

Variante:

Für viel Bewegung sorgt auch die Suche nach einer bestimmten Farbe, z. B. Blau. Nun rennt jeder los, um irgendetwas Blaues aufzutreiben. Was bei Blau übrigens am häufigsten angebracht wird, ist die blaue Plastikverpackung von Papiertaschentüchern, wohingegen es bei *Weiß* die Papiertuchreste selber sind. Eine weitere Regel: *Suche ein Rot und tausche es gegen das Gelb eines Mitspielers!* Bei dieser Variante bekommt jeder eine andere Farbe genannt, die die Mitspieler natürlich nicht kennen dürfen.

23.
PILZE AUFSPÜREN

Man benötigt:
Korb, Pilzhandbuch

Pilze sammeln ist vielleicht nichts für ganz kleine Kinder. Zum einen ist es nicht ungefährlich, und zum anderen verlangt es Geduld und Ausdauer, manchmal auch Disziplin. Die beste Methode ist wahrscheinlich das systematische Abgrasen nach Planquadraten. Zielloses Querfeldeinlaufen jedoch bringt meist dieselben Resultate, nämlich gute und schmackhafte. Oder man übt sich in allerlei magischen Verfahren und wirft z. B. einen bereits geernteten Pilz über den Rücken, nachdem man sich dreimal blind im Kreis gedreht hat.

Kinder können oft nicht genug kriegen von Jagdfieber und Eroberungslust und pirschen sogar durchs Unterholz, wenn sie nur gelegentlich einen Pilz finden können.

Manchmal bieten Volkshochschulen oder sogar die Gemeinden gegen einen kleinen Obolus einen Pilzbegutachter-Service zur Sichtung der Sammelergebnisse an.

Wenn man ein reiches Feld gefunden hat, merkt man es sich im Geheimen und erzählt es niemandem weiter. Das ist eiserne Schwammerlsuchertradition!

Variation:

Nüsse, Himbeeren, Blaubeeren, Walderdbeeren suchen.

Man benötigt:
Topographische Karte

Wo gibt es noch Quellen? Die Landschaft ist weithin durchzogen mit Entwässerungskanälen, und denen nachzufolgen hat keinen Sinn. Wenn man also nicht weg- und ziellos durch die Gegend latschen will, muss man ein weiteres zivilisatorisches Produkt zurate ziehen: eine topographische Karte. Hier findet man gelegentlich Quellen als einen kleinen blauen Punkt mit Schwänzchen eingezeichnet und darüber hinaus auch kleinere Bäche als dünne, bläuliche Linien, von denen zu vermuten ist, dass sie nicht irgendeinem betonierten Kanalrohr entträufeln, sondern einer richtigen Quelle, kurz, einem Loch in der Erde, um das dann Elfen herumschwirren und Nymphen und andere Naturgeister, wenn man denn daran glaubt.

Man suche also zunächst einen Wiesenbach, trabe entgegen der Fließrichtung und hoffe inbrünstig, dass das Bächlein nicht in einem Sickerkanal seinen Ursprung nimmt.

Oft ist so ein Bach eher der Zusammenfluss von mehreren fingerdicken Rinnsalen, die sich ihrerseits in Gestein, Gras und Gestrüpp verlieren, statt mit einem romantisch hervorsprudelndem Schwall zu entquellen.

Manchmal entdeckt man trotzdem eine richtig schöne Quelle mit einem glitzernden Wasserbecken davor. Aber Vorsicht: Das Quellwasser kann verunreinigt sein, weil die Maisfelder ringsum gedüngt oder mit Unkrautvernichtungsmitteln besprüht worden sind.

25.
EDELSTEINE SUCHEN

Man benötigt:
Hammer, Sieb

Die Suche nach Edelsteinen wird von vielen Hobby-Sammlern betrieben. Es gibt viele Publikationen hierzu mit kartographierten Gebieten, in denen bestimmte Mineralien besonders häufig zu finden sind.

Alles, was Sie brauchen, ist ein Steinbruch oder eine Felswand oder ein Gebirgsbach und ein kleiner Hammer, es muss kein Geologenexemplar sein. Als Goldwäscher braucht man ein Sieb. Zur Not tut's ein Reissieb, das nicht von Deutschlands feinsten Küchengeräteherstellern sein sollte, weil es hinterher nicht wiederzuerkennen ist. Am besten besorgt man sich im Baumarkt ein simples Eisensieb oder ein Drahtgitter für wenig Geld. Damit man sich nicht die Hände wund reißt, biegt man die Kanten zweimal nach innen und hämmert sie flach, das stabilisiert den Rand.

Um es gleich zu sagen: Den Klumpen Gold, der allen ein Jahr Urlaub beschert, den wird man nicht finden. Auch kein Silber und auch kein sonstiges Edelmetall, das irgendwie mit Geld aufzuwiegen wäre.

Was herausgewaschen wird – auch dies will gelernt sein, denn oft spült der klärende Schwall Wasser alle Hoffnung vom Sieb –, sind bunte Kiesel, weiße Kiesel, silbrig glänzende Kiesel, meist graue Kiesel und manchmal der Aluclip einer Bierdose. Hübsch anzusehen, aber wertlos. Ganz und gar nicht wertlos aber sind die spannenden Stunden, in denen man sich in die Goldrausch-Zeiten Kaliforniens träumt.

Hier ist das Suchen von Erfolg gekrönt. Blätter und Kräuter, um daraus Tee zu bereiten, findet man immer, sogar im Winter. Wenn man nicht phytologisch ausgebildet oder heilkundlich interessiert ist, dann glaubt man nicht, woraus man alles Wässerchen mit Geschmack und Wirkung zubereiten kann: Abbisskraut, Angelikawurzel, Andorn, Anis, Apfel, Arnika, Artischocke, Asant, Attichwurzel, Augentrost, Baldrianwurzel, Bärentraubenblätter, Bärlappkraut, Bärlauch, Bärwurzblätter, Basilikum, Beifuß, Beinwell, Benediktenkraut, Berberitzenfrüchte, Bertramwurzel, Betonienkraut, Bibernell, Birkenblätter, Bitterklee, Blutwurz, Bockshornklee, Bohnenschalen, Boldoblätter, Borretschkraut, Braunwurzkraut, Breitwegerich, Brennnessel, Brombeerblätter, Bruchkraut, Brunnenkresse, Buccoblätter, Buchsbaumblätter, Buchweizenkraut ... Es wachsen Hunderte von Pflanzen allein in unserer Vegetationszone, und man muss wirklich bloß ein wenig hinausgehen, schauen und sie erkennen können.

Es gibt mehrere Verlage, die schöne naturkundliche Ratgeber herausgeben mit Fotos, Beschreibungen und Angaben zu Standort und Verwendung von Pflanzen.
Wer aber bei jedem Pflänzchen stehen bleiben will, um es im Katalog nachzuschlagen – was schnell langweilig werden kann –, dem ist zu empfehlen, einige oder auch nur zwei, drei häufig vorkommende Pflanzen auszuwählen, die entsprechenden Seiten zu kopieren und jedem Kind davon ein Blatt in die Hand zu drücken.

Nehmen Sie einen kleinen Gaskocher mit, Topf und Wasser, um vor Ort gleich eine Tasse Tee zubereiten zu können, bevor es auf die Suche nach dem nächsten Heilkraut geht.

Zwei Heilkräuter, die man wirklich überall und auch ganz ohne Buch finden kann, sind Brennnessel und wilde Hagebutte. Brennnessel ist das Heilkraut schlechthin, fabulöser Blutreiniger und Hautglätter, schmeckt grasig, etwas muffig und nach altem Heu. Auch die rote Hagebutte ist weithin zu sichten und mundet selbst gepflückt und selbst aufgebrüht weit besser als im Beutel.

Man benötigt: Hanfschnur, scharfes Messer

Für kleine Kinder ist es das Natürlichste der Welt, im Wald Rehe jagen zu wollen.

Also zieht man hinaus in den Forst und macht sich zunächst daran, die benötigten Waffen zu fertigen: Pfeil und Bogen zu schnitzen und einen Wurfspeer.

Eine Hanfschnur für den Bogen sollte man von Zuhause mitbringen, ein scharfes Messer für die Holzarbeiten auch.

Wenn der Jagderfolg an diesem Tag ausbleibt und kein aufgescheuchtes Reh den Weg kreuzt, geht man an den Bau einer Falle.

Mit Ästen und Zweigen steckt man einen kleinen Käfig zusammen und konstruiert eine Falltür, die sich mit Seilzug auslöst, wenn der Köder angeknabbert wird.

Man deponiert ein Stück Käse darin und kommt am nächsten Tag zurück, um zu sehen, was man gefangen hat. Doch keine Sorge um das Tier! Solange man nicht mit Draht und Metall arbeitet, lässt sich kein Marder von dürrem Gezweig schrecken. Der Käse freilich, der ist weg.

Man benötigt:
warme Sachen,
Bestimmungsbuch,
Schreibblock, Stift

Wilde Tiere zu beobachten ist eine aufregende Sache, und wenn's nur ein Igel ist, der am Gartenzaun entlangläuft und in der Hecke verschwindet. Es lohnt sich, einmal im Morgengrauen, besser noch davor, loszumarschieren und die Zeit bis zur Dämmerung auf einem Jägerstand zu verbringen. Wenn die Rehe dann grazil aus dem Holz treten, um auf der Lichtung nach Delikatessen zu suchen, ist das mehr als eine Belohnung für das lange Warten.

Spuren sind oft der einzige Beweis für die Existenz mancher Tierarten, denn z. B. einen Dachs lebend zu Gesicht zu bekommen ist für Uneingeweihte doch recht schwierig.

Fährten aber finden sich häufig in freier Natur. Vor allem, wenn man darunter nicht nur Fuß- und Pfotenabdrücke versteht, sondern auch Haare, Gewölle, Losung, abgenagte Knochen und Futterreste. Dann ist es hilfreich, ein Bestimmungs- oder Naturkundebuch dabeizuhaben. Auch wenn man kein geschultes Auge besitzt, das auch kleine Zeichen und Hinweise auf eine aktive Fauna wahrnimmt, findet man doch schnell erste Anzeichen und Spuren. Alle Fundstellen zeichnet man in einen Lageplan. So lassen sich Reviergrößen bestimmen und Wildwechsel orten.

Man benötigt: Wasser, Gips, Plastikbehälter, Holzbrettchen

Dies ist die Steigerung von *«Fährten finden»*. Natürlich kann man auch Gewölle, Losung oder Federn aufspüren und dann im Handbuch nachschlagen, von welchem Tier das Gefundene stammt. Auch das ist vergnüglich, und man lernt vieles dabei. Viel aktiver und professioneller aber wirkt es, wenn alle wie richtige Naturforscher und Dokumentaristen ausgerüstet sind. Einen Gips anzurühren ist kinderleicht. Die drei Liter Wasser, die man braucht, einen Spatel und eine Gummischale kann man bequem im Rucksack mitschleppen. Man markiert den frischen Abdruck, rührt den Gips, gießt ihn an und marschiert weiter zum nächsten Fundstück. Auf dem Heimweg dann sammelt man alle Gipse ein, säubert und beschriftet die Abgüsse, und schon ist der Grundstock einer naturwissenschaftlichen Sammlung gelegt.

Wenn man ernsthafter an diese Arbeit herangehen will, dann helfen beigemischte Lebensmittelfarben, Ordnung in Jahrgänge, Arten und Gattungen zu bringen.

Am Anfang verwechselt man oft Hunde- mit Fuchsspuren. Aber es kann auch passieren, dass man ein Auge bekommt für «seinen Hirsch» und nun über Jahre hinweg seine Gänge im Revier verfolgen kann. Für Kinder ist natürlich bedeutsam, dass sie nicht nur etwas erzählen können, sondern auch etwas vorzuweisen haben, das man dann in Schule und Kindergarten mitnehmen und dort herzeigen kann.

Man benötigt:
Mikroskop, Lupe

Grashalme! Welche Entdeckung! Es gibt keinen Grashalm, der identisch wäre mit einem anderen. Es gibt immer einen, wenn auch winzigen, aber mit bloßem Auge erkennbaren Unterschied. Die Natur scheint nur Ähnlichkeiten zu kennen, aber keine vollkommene Gleichheit.

Mit entsprechender Geduld kann man zum Beispiel den Weg einer Ameise verfolgen, ihr auf allen vieren nachkriechen, immer mit der Nase im Gras. Unglaublich, welche Anstrengungen es eine Ameise kostet, zehn Meter zurückzulegen, immer von einem Grashalm zum anderen, hinauf und hinab und kreuz und quer. Dafür benötigt sie eine ganze Stunde. Und ein winziger Moment Unaufmerksamkeit – und schon hat man sie verloren.

Eine Lupe hilft sehr, in diesen faszinierenden Mikrokosmos einzudringen und Wunder über Wunder mit eigenen Augen erleben zu dürfen. Unzählige Kleinstlebewesen mit bizarren Körperformen gilt es zu entdecken und Blätter zu untersuchen mit ihren feinen Adern und regelmäßigen Strukturen.

Wer es noch genauer wissen will: Zu Hause unterm Mikroskop zeigen sich jede Menge weiterer Mikrokosmen.

Wer beim Autofahren drei Quälgeister im Genick sitzen hat, wobei der eine mit dem anderen streitet und der Kleine sich mit dem Großen verbündet, um auf den Mittleren loszugehen, und das Gezeter in ein Mordio auszuarten droht, der braucht ein Spiel, das die Nerven beruhigt – und zwar schnell.

Der kleine Satz: *Wer den nächsten Baukran (Laternenmast, Fabrikschlot, Notarztwagen, Reisebus ...) entdeckt, bekommt einen Punkt!* wirkt Wunder! Jeder kann mitmachen. Wer als Erster drei Punkte erreicht, hat gewonnen, und wer verliert, darf das nächste Objekt wählen. Wenn man ohne Wettbewerb agieren will, dann empfiehlt sich die Anweisung: *Jetzt zählen wir alle roten Autos, die uns entgegenkommen!* Oder der Älteste zählt die schwarzen, die Mittlere die blauen und die Jüngste die roten Autos. Genauso lassen sich Fahrzeuggattungen wie Tankwagen, Pkw, LKW, Busse aufzählen oder Automarken und -modelle.

In der Stadt zählt man alle Leute mit Hut oder alle mit Eis in der Hand.

Variation:

Wenn die Zählerei langweilig wird, kommt das Schweige-Spiel: Wer hält es am längsten aus, ohne zu reden.

**Man benötigt:
Zeichenstift, Block,
Fernglas,
Bestimmungsbuch**

Raubvögel sind elegante Segler, und oft kann man sie lange am Himmel kreisen sehen. Ihre Umrisslinien sind meist charakteristisch für die jeweilige Art, und am Gefieder lässt sich erkennen, wen man vor sich hat. Nehmen Sie also bei Ihrem nächsten Spaziergang übers Land Block und Bleistift mit und dazu auch noch ein Fernglas. Man sucht einen passenden Standort und hofft, dass sich ein Vogel zeigt. Um sich die Sache zu erleichtern und die Wartezeit zu verkürzen, ist es ratsam, vorher ein ornithologisches Werk zu studieren mit Hinweisen auf Revier, Jagd- und Fressverhalten und sonstige Lebensgewohnheiten.

Bei diesem Vorschlag ist das Wesentliche nicht der Raubvogel – Bäume, Blumen, Berge tun's auch –, sondern das Zeichnen. Normalerweise schaut man etwas an, erkennt es und geht darüber hinweg. Zeichnen hingegen verlangt wirkliches Hinsehen und kein bloßes Benennen. Zeichnen bedeutet einen anderen Kontakt mit dem, was wir Realität nennen, und die Schönheit eines Dings erschließt sich selten über das Wort, sondern vor allem über das Schauen.

Zeichnen hilft übrigens auch jenen Kindern, sich auszudrücken, denen die Sprache nicht so ganz geheuer ist.

Man benötigt: Stoppuhr, Stift und Notizbuch

Dies ist eine lustige Sache und recht gut geeignet, physikalische Formeln im Spiel verständlich zu machen. Man sucht einen Bach, einen Fluss oder einen Strom auf, wirft einen schwimmenden Gegenstand ins Wasser, rennt dann am Ufer mit und stoppt die Zeit, in der der Gegenstand eine vorher gemessene Strecke entlanggetrieben worden ist. Bei kleineren Flüssen mit unterschiedlichen Strömungen kann man beim Abspazieren immer wieder Messergebnisse notieren und so Abschnitte vergleichen und ein Strömungsprofil erstellen.

Spaß macht es auch, dasselbe auf einer Autobahnbrücke mit dem zäh fließenden Verkehr zu tun. Oder in einer Fußgängerzone die Bewegung der Menschenmassen zu untersuchen – vielleicht zuerst in einer Großstadt und dann in einer Kleinstadt. Oder gar die Umlaufgeschwindigkeit von Rolltreppen zu messen.

KAPITEL 3 | *Zerstören*

Man benötigt: defektes Gerät, Werkzeug aller Art

Man muss dazu nicht das beste Stück opfern, ein alter Wecker tut's auch. Es muss auch nicht unbedingt eine Uhr sein, sondern vielleicht der Mixer, der nicht mehr mixt, oder der Wasserkocher, der so verkalkt ist, dass keine Essigessenz den Kalk mehr wegbrennt, ohne dass das Gehäuse von der Säure durchgefressen würde. Kurzum: Man schraubt oder hämmert an irgendetwas herum, das man nicht mehr braucht und von dem man nicht weiß, wie es innen aussieht.

Das sagt sich einfacher, als es in der Praxis ist: Man kann Stunden damit verbringen, das Plastikgehäuse einer defekten Bohrmaschine herunterzubekommen, nur um einen Blick ins Innere werfen zu können; und ob man das Getriebe zerlegen kann, ist eine ganz andere Frage. Manchmal braucht man, wenn man nicht mit Gewalt arbeiten will, Spezialwerkzeug und -schlüssel, und bei Uhren muss man sich ein komplettes Uhrmacherbesteck zulegen.

Ziel jedenfalls ist, am Ende alles, was nicht niet- und nagelfest war, in Einzelteilen vor sich liegen zu haben. Wer mag, darf dann alles wieder zusammenschrauben!

Man benötigt: Sparschwein

Der Kniff bei dieser Aktion ist natürlich, nicht einfach mit dem Hammer darauf einzudreschen, sondern kunstvolle Gewalt walten zu lassen. Vier Beispiele:

Behalten Sie von Silvester ein paar Kracher und Böller übrig. Nun befestigt man unter dem Schwein mit Klebeband einige Kanonenschläge, verzwirnt die Zündschnüre, entzündet die Lunte und sucht das geschützte Weite. Besonders, wenn das Schwein aus Porzellan ist oder Steingut. Außerdem meidet man die Nähe von Fensterscheiben.

Zweite Möglichkeit: Man bindet das Schwein an ein Seil und das Seil an einen Ast. Jetzt bewirft man es mit Steinen, beschießt es mit Pfeilen oder einer Schleuder.

Dritte Variante: Wieder wickelt man das Schwein in ein Tau. Das andere Ende des Seils kommt an ein Fahrrad. Nun schleift man das Schwein, bis es zerbirst.

Zu guter Letzt: Lassen Sie es aus großer Höhe herabfallen auf harten Grund!

Man benötigt: Auto, Hammer, Vorschlaghammer, Rohrzange, Metallsäge

Natürlich nimmt man dazu nicht das eigene Auto, sondern man begibt sich stattdessen auf den nächstgelegenen Schrottplatz, drückt dem Baggerführer 5 Euro in die Hand, auf dass er einem ein passendes Fahrzeug zuweise, und schon können alle loslegen. Sofort wird die Rangelei um den Vorschlaghammer und den ersten Schlag beginnen.

Es wird viele eifrige Bearbeiter überraschen, wie wenig schnödes Blech selbst mit wuchtigen Schlägen zu beeindrucken ist. Es entstehen nämlich nur kleine Dellen, wo man doch wähnt, die Kiste mit einem einzigen Hieb à la Obelix zerlegen zu können. Autokarosserien sind stabil! Wie schwer es ist, die Zange anzusetzen und das Blech aufzubiegen wie eine Dose Sardinen, wird man schnell merken.

Variation:

Ein altes Auto im örtlichen Kindergarten bunt bemalen lassen. Auto-Cross an der Kiesgrube.

Man benötigt: Videogerät, Kassettenrecorder

Man kann versuchen, veraltete Geräte auf dem Flohmarkt anzubieten. Mehr Spaß allerdings macht es z. B., ihnen mittels Fehlbedienung den Rest zu geben. Auch hier zwei Beispiele: Man entfernt das Gehäuse eines Videorecorders, legt ein Band ein und drückt nun die Tasten so willkürlich, bis sich das laufende Band mit einem ersterbenden Jaulen um irgendeine Rolle festwickelt. Sirrende Geräusche ergeben sich auch, wenn man einen Bleistift dazwischenhält oder eine Kugel in die Mechanik wirft. Lustig ist auch, eine der Rollen abzubremsen und zu beobachten, wie sich das weiterlaufende Band nun zwischen den Tonköpfen verheddert.
Ähnliches gilt für die alte Küchenmaschine. Man mutet ihr Aufgaben zu, die sie überfordern: lässt Sägespäne mahlen oder wirft Holzkeile und Gummibänder zwischen Knethaken oder Schlagbesen.

Man benötigt: Axt, Säge

Es ist immer ein Ereignis, zu sehen, wie ein Baum fällt. Die Finger lassen sollte man allerdings von gesunden Bäumen. Nicht so sehr, weil sie jemandem gehören, sondern weil es lebendige, wachsende, gedeihende Wesen sind. Nichts aber spricht dagegen, einer morschen Fichte so zu Leibe zu rücken, wie es der nächste Herbststurm auch tut: mit ganzer Kraft.
Es ist unglaublich, wie viele tote Bäume einem bei Spaziergängen auffallen. Manche davon, die der Wind bisher nur vergessen hat, kann man sogar mit bloßer Hand umdrücken oder aber, wenn man sich zu dritt in die Äste hängt und ordentlich wippt, beträchtlich neigen und sogar zum Sturz bringen.
Manchmal aber hat selbst das kaputteste Holz noch so viele Bindekräfte und das abgestorbene Wurzelwerk so innigen Halt im Erdreich, dass man daran richtig arbeiten muss. Neben Axt und Säge kann man ein Seil benutzen und das Hebelprinzip anwenden: Man befestigt es in der größtmöglichen Höhe und alle ziehen, bis der Baum kracht. Achten Sie darauf, wenn der Stamm dann endlich fällt, dass niemand seinen Kopf darunter hat.

Man benötigt:
alte Klamotten

Unser Verhältnis zu Kleidung ist ja eher so, dass wir mehr auf Jacke und Hose Acht geben als auf uns. War Bekleidung ursprünglich dafür gedacht, uns zu schützen, schützen wir jetzt sie und stürzen in Panik ins Bad, sobald ein Spritzer Tomatensoße darauf gelandet ist. Später studieren wir mit Inbrunst die Waschanleitung, als wäre es ein philosophisches Werk. Die Hülle ist wichtiger geworden als der Inhalt.

Da tut es gut, allen Einflüsterungen wie: *Mach dich nicht schmutzig. Pass auf deine Hose auf. Steig bloß nicht in die Pfütze, Oma kommt, da wollen wir doch hübsch sein. Jetzt sabber hier nicht herum, ich will dich nicht schon wieder umziehen*, einmal ade sagen zu können und durch den Wald zu sausen mit dem Auftrag, so viele Löcher wie möglich mittels Reißen, Abwetzen, Rollen, Kriechen, Hängenbleiben, Verhaken, Durchscheuern, Hinfallen, Robben, Springen ... in die Kleidung zu bringen.

Man kann auch versuchen, sich die Kleider gegenseitig vom Leibe zu reißen, was vor allem mit größeren Kindern gelingt, die genug Kraft haben, um Gewebe und Nähte kaputtzukriegen. Oder man gibt den Kindern ein altes Herrenhemd mit der Aufforderung, es zu zerrupfen – so ohne weiteres geht ein Hemd allerdings nicht entzwei. Wenn man dann die Schere zur Hand nimmt, kann man kreuz und quer schneiden, aber auch entlang der Nähte und so sehen, wie ein Hemd konstruiert ist und aus wie vielen Teilen es besteht.

Spaß macht es auch, alte Jeans mit Hammer und Meißel oder gleich mit Bohrmaschine und Drahtbürste zu bearbeiten und so einen Look zu kreieren, den man anderntags in der Schule vorführen kann.

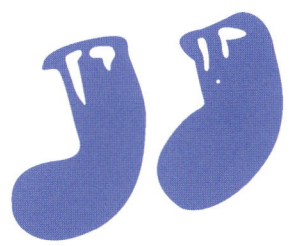

40.
EINE WASSERMELONE
ZERPLATZEN LASSEN

Man benötigt:
Wassermelone

Investieren Sie 10 Euro in ein paar
Wassermelonen. Die Melonen
müssen nicht frisch sein, verdorbene
tun es auch.

Dann sucht man einen möglichst
hohen freien Fall, steigt also auf einen
Turm, eine Brücke oder ein Hochhaus.
Jetzt muss man nur noch dafür sorgen, dass unten niemand steht, dem
die Melone auf den Kopf fallen
könnte.

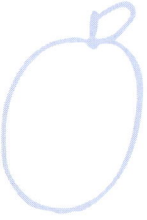

Was für ein Genuss, das Fünf-Kilo-
Ding hochzuschleppen, über die
Brüstung zu halten und dann langsam
aus den Händen rutschen zu lassen,
der kerzengerade Fall, das unheimlich beschleunigte Entschwinden
nach unten und dann dieser matte
Knall, wie eine Implosion, dieser
dumpfe Aufprall und all der rote
Matsch ...!

Wer einen Camcorder hat, sollte den
Aufprall, wenn die Melone in tausend
Stücke zerbirst und das Fruchtfleisch
auseinander spritzt, in Slowmotion
filmen. Für das Auge nämlich geht das
alles viel zu schnell. Es nimmt vom
eigentlichen Zerbersten zu wenig
wahr, und zudem muss man sich auch
in Deckung halten.

Variation:

Kokosnüsse, Kürbisse, mit Wasser
gefüllte Luftballons ...

41.
WASSERSCHLACHT

Man benötigt:
Wasserhahn, Behälter,
Wasserpistolen,
Luftballons, Eimer ...

Eine Wasserschlacht ermöglicht wie kein anderes Spiel den konstruktiven Umgang mit Betrug, Hinterlist und Verrat und damit die Umkehrung der üblichen Machtverhältnisse zwischen Großen und Kleinen. Es kämpfen alle gegen alle, oder alle gegen die Erwachsenen. Man verbündet sich aber im Geheimen mit einem vermeintlichen Gegner und beginnt den Krieg mit einem gemeinen Überfall, mit Kampfhandlungen vor der vereinbarten Zeit und am neutralen Ort. Das schaukelt Wut und Empörung so richtig hoch und trägt wesentlich dazu bei, ein gutes Kampfgefühl entstehen zu lassen und ein ordentliches Gemetzel in Gang zu setzen.

Die besten Schlachten führt man zweifellos im Sommer im eigenen Garten, beim Kampf um den Wasserhahn. Ansonsten bieten sich Seen an oder öffentliche Parks mit Wasseranschluss. Um eine Zwei-Fronten-Attacke oder gar eine strategische Umzingelung abwehren zu können, sollte man immer ein paar Eimer Wasser in Reserve und versteckte Vorräte im Depot bereithalten. Dennoch: Sieger wird es nicht geben – denn nass gemacht werden alle!

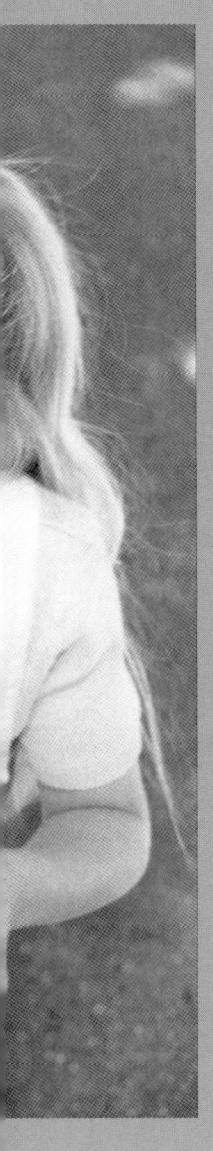

KAPITEL 4 | *Verboten und verpönt*

42.
SCHMATZEN,
RÜLPSEN, FURZEN

In vielen Ländern Asiens wird beim oder spätestens nach dem Essen ein ordentlicher Rülpser erwartet, sonst sind die Gastgeber, der Koch oder die Köchin beleidigt. Also gilt: üben, üben und noch einmal üben. Wie meist im Leben, gelingt etwas gerade dann nicht, wenn man es unbedingt will. Der Furz, der einem sonst immer in den peinlichsten Momenten entfährt, will sich partout dann nicht einstellen, wenn man flehentlich auf ihn wartet. Der Rülpser, der einem sonst immer unangemeldet hochkommt, degeneriert dann trotz allen Gewürzes nur zu einem flachen Bäuerchen.

Einzig das Schmatzen entzieht sich nicht unserer Kontrolle und bietet ungeahnte Gestaltungsmöglichkeiten. Für Kinder zum Beispiel, die nicht essen, aber von ihren Müttern dazu kreativ überredet werden wollen, bietet sich neben dem etwas blödsinnigen, aber wirkungsvollen Mäuse- und Tankstellenspiel (*... ja wer hat denn jetzt den Löffel leer gegessen, ich glaube, das war ein Mäuschen! ... und die Rennfahrer haben noch drei Runden zu drehen, und da muss Löffel Nr. 3 mit Benedikt Kölbl am Steuer an die Box zum Tanken, und er nimmt eine Menge Sprit mit auf den Weg, zwei ganze Löffel voll, und weiter geht's, und da sehe ich auch schon die Nr. 2 in die Boxengasse hereinkommen ...*), zur Abwechslung die Raubtierfütterung an: *Lass uns mal hören, wie ein Tiger schmatzen kann!* Nach dem Tiger kommt dann der Löwe dran und dann der Elefant, der Kakadu, das Krokodil, das Nilpferd und das Walross ...!

Variante:

Adel verpflichtet! Wie ein englischer Lord äußerst vornehm speisen mit tadellosen Tischsitten und feinen Manieren ...

43.
LEUTE ÄRGERN

Leute zu ärgern ist ganz einfach: Man sagt etwas, was einem der andere krumm nimmt. Meistens ist das etwas, an dem der andere hängt oder das ihm besonders wichtig ist. Wenn man ihm das veräppelt, wird er sauer. Jeder kennt das Versteinerungs-Spiel: Einer macht ein Gesicht wie Stein und verzieht keine Miene, und die anderen müssen ihn mit Worten, Gesten und Grimassen, aber ohne ihn zu berühren, zum Lachen bringen. Genauso funktioniert das Ärger-Spiel: Reihum macht man den Versuch, denjenigen, der gerade dran ist, zu beleidigen, zu verspotten, zu verulken, zu vergrätzen, zu veralbern, ohne dass der Geärgerte seinen Ärger zeigen darf.

Wenn Sie dieses Spiel leiten, achten Sie darauf, mit harmlosen Zuschreibungen zu beginnen, Tiernamen etwa: *Du glotzt wie ein Esel*, oder Pflanzen: *Heute stinkst du wie eine Brennnessel*, bis die Kinder verstanden haben, dass es einen Unterschied gibt zwischen ärgern und verletzen. Kinder haben oft ein intuitives Gefühl dafür, was einen am meisten nervt, und gehen schonungslos damit um. Deshalb muss entweder die Spieldauer vorher begrenzt werden oder jeder darf das Spiel beenden, wenn er nicht mehr will. Wichtig: Danach ist Ärgern verboten!

44.
EINE STRASSENSPERRE ERRICHTEN

Man benötigt: Strick

In manchen Gegenden auf dem Land ist das Brauch bei jeder Hochzeit. Neben Hochzeiten findet sich hierzu die passende Gelegenheit im Fasching, zu kirchlichen Feiertagen und während öffentlicher Straßenfeste. Die Kinder besorgen einen Kälberstrick und ziehen die Leine quer über die Straße. Wenn ein Fahrzeug passieren will: Hoch damit! Von jedem Autofahrer wird Wegezoll in Form von Münzen oder Süßigkeiten verlangt. Will der Reisende nicht zahlen, bleibt das Seil oben. Mut und Nervenstärke sind hier gefragt und manchmal Standhaftigkeit, falls man es mit einem humorlosen und geizigen Autofahrer zu tun bekommt. Selbstverständlich wählt man bei diesem Spiel Straßen mit überschaubarem Verkehrsaufkommen.

45.
Das Gegenteil tun

Alle machen einen Tag lang alles anders als sonst üblich. Statt früh steht man spät auf, statt zu duschen, geht es gleich ab in die Kleider, statt langsam sprechen alle schnell, und statt zu schimpfen, lobt man sich gegenseitig!

Niemand hält das lange durch. Bald ist man fix und fertig und ganz konfus. Wirklich konsequent das Gegenteil des Üblichen zu tun, ist solch eine überwältigende Erfahrung, dass man sie nicht als Ganzes angehen kann. Es geht nur portionsweise, indem man sich einen Teilbereich herauspickt: das eigene Reden oder Bewegen, die Gesten beim Essen oder das Verhalten gegenüber Familienmitgliedern. Am Anfang ist es gut, wenn nicht alle zugleich mit dem Gegenteil beginnen, sondern nur einer. Später geht es dann reihum. Zum Beispiel kann einer das Gegenteil von dem tun, was man zu ihm sagt. Auf *Gib mir mal das Salz, bitte!* gibt er Pfeffer oder nimmt das Salz an sich. Oder er wirft es, statt es zu reichen – und zwingt damit die anderen, andere als die üblichen Sätze zu formulieren.

Das Ganze wird in einem völligen Durcheinander enden, denn trotz aller Abmachungen wird plötzlich jeder die Gelegenheit zur Anarchie nutzen und mit verrückten Taten glänzen wollen.

Variation:

Alles vom Ende her erledigen. Alles rückwärts sprechen. Alles im Kriechen tun ...

46.
EINEN GANZEN TAG LANG LÜGEN

Mit Lügen testen Kinder, ob die Realität ihren Phantasien standhält und ob das, was man Wirklichkeit nennt, sich nicht ein bisschen zu eigenen Gunsten verrücken lässt. Beginnen Sie mit dem Lügenspiel. Reihum erzählt jeder eine Geschichte, z. B. *Gestern habe ich einen Teppich auf der Straße gefunden und zum Fundamt getragen*, und die Zuhörer müssen raten, ob das Erzählte wahr ist oder falsch. Wer richtig tippt, führt die Reihe fort.

In der nächsten Stufe vereinbart man eine Frist: Eine Stunde lügen! Nichts, was gesagt wird, darf der Wahrheit entsprechen. Das lässt sich auf einen ganzen Tag ausdehnen, wird aber selten durchgehalten.

Der Effekt bei dieser Aktion ist natürlich, dass sich Kinder bei so massiver Lügerei, der eigenen und der der anderen, auf nichts mehr verlassen können und letztlich, bei aller anfänglichen Begeisterung, schnell genervt sind und keine Lust mehr haben. Dann nämlich, wenn sie wirklich etwas wollen, aber immer nur falsche Auskünfte bekommen und so nie an ihr Ziel gelangen.

Zur Wahrheitsliebe zurückkehren zu wollen, ist ein schönes Spielergebnis.

47.
GELD AUSGEBEN LASSEN

Man benötigt: Euro

Nur weniges auf der Welt tut so weh, als das eigene, sauer verdiente Geld von Leuten, die es nicht verdienen, verschwendet zu sehen! Mit diesem Spiel kann man die eigene Großzügigkeit, aber auch seinen Geiz und die persönliche Moral in Geldfragen testen; aber auch halbflüggen Söhnen und Töchtern neben dem Einkaufsspaß zugleich eine Lektion in Gelddingen erteilen.

Natürlich ist hier die Frage, wer Ihr mühsam zusammengespartes Geld denn nun ausgeben darf. Man stelle also eine Summe zur Verfügung, die zwar schmerzt, aber doch so überschaubar ist, dass man dem Verschwender sein Verschwenden nicht ewig nachtragen muss.

Am besten ist es, einen Vertrag zu schließen. Etwa so:

- Mein Sohn, hier sind 20 / 50 / 100 / 500 / 1000 / 2000 / 5000 Euro (Unzutreffendes streichen). Ich gebe dir das Geld frei und ohne Bedingung, und du kannst damit machen, was du willst. Wenn du es für Unsinn ausgibst, werde ich dir nicht böse sein, und wenn du dir Sinnvolles kaufst, werde ich dich nicht loben. Du bist frei damit und kannst es investieren, verschleudern, verbrennen, vergraben, jetzt ist es deines, ich habe nichts mehr damit zu tun.

Oder:

- Meine Tochter, hier hast du 20 / 50 / 100 / 500 / 1000 / 2000 / 5000 Euro (Unzutreffendes streichen). Diese Summe steht zu deiner freien Verfügung. Du kannst damit machen, was du willst. Die einzige Bedingung ist: Du musst sie an einem Einkaufs-Samstag ausgeben, und die Familie, damit sie auch ein bisschen Spaß dabei hat, darf dir beim Geldausgeben zuschauen, wird sich aber in keinster Weise einmischen, weder mit Kommentaren noch mit sonstigen klugen oder blöden Sätzen.

Oder:

- Meine liebe Familie, ihr kritisiert immer an mir herum, dass ich mich nicht gut kleide, und zum Friseur sollte ich auch öfters gehen, und der Duft meiner Pflegeserie wäre auch nicht nach eurem Sinn. Hier habt ihr jetzt 20 / 50 / 100 / 500 / 1000 / 2000 / 5000 Euro (Unzutreffendes streichen), um mich nach eurem

Geschmack in den zu verwandeln, den ihr immer haben wolltet. Ich werde alles akzeptieren und mich zumindest einen Monat lang mit dem kleiden oder umgeben, was ihr für mich ausgesucht habt.

Oder:

● Meine liebe Gattin, meine lieben Kinder.
Ich als Ingenieur / Anwalt / Maurer / Metzger / Beamter bin, wie ihr leidvoll wisst, ein durch und durch rationaler Mensch, um nicht zu sagen ein Spießer. Wir sind eine ordentliche Familie, um nicht zu sagen eine spießige. Hier sind nun 20 / 50 / 100 / 500 / 1000 / 2000 / 5000 Euro (Unzutreffendes streichen), die ich euch auszugeben bitte unter einer einzigen Bedingung: Es darf nichts Sinnvolles damit gekauft oder angeschafft werden, sondern muss völlig sinnlos verprasst werden. Das Geld darf nur für etwas absolut Sinnloses verwendet werden, und nur einstimmige Beschlüsse hierüber werden angenommen.

48.
ANGELN

Man benötigt: Angelschnur, Haken, Köder

Kaum etwas ist aufregender als das Jagen wilder Tiere – leider nur ist es erstens aufwendig und laut (Flinte) sowie zweitens nur mit Jagdschein erlaubt.
Zum Angeln hingegen braucht es nichts, als was man nicht in der Hosentasche mit sich herumtragen könnte. Man stellt oder setzt sich auf eine Brücke, ans Ufer eines Sees oder Flusses, oder man mietet ein Ruderboot und lässt die Schnur über Bord hängen. Als Köder dienen Brotstücke oder Regenwürmer. Mal sehen, was die Profiangler mit ihren 22 Ruten und 96 Schwimmern sagen, wenn Sie Glück haben und tatsächlich was rausziehen.
Achtung: Mittlerweile als Straftat verfolgt wird das Wildern in Zuchtteichen. Das lohnt den Nervenkitzel nicht!

49.
AUTO FAHREN

Kinder sind alt genug dafür, wenn sie mit den Füßen ans Pedal hinabreichen und über das Armaturenbrett und über die Motorhaube hinaus auf die Fahrbahn sehen können. Dann kann es losgehen. Nicht auf öffentlichen Straßen natürlich und auch nicht auf kleinen Feldwegen mit Gräben links und rechts, sondern auf einem leeren Parkplatz, in einer geräumigen Hofeinfahrt, auf einem Kirmesgelände oder im Autokino. Kinder sind so oft schon mitgefahren und wissen, was sie zu tun haben. Sie kennen alle Schalter und Hebel und wissen um den Zusammenhang von Kuppeln und Schalten. Lange Erklärungen sind meist unnötig. Besser ist es, unmittelbar in die Praxis einzusteigen.

Bewährt hat es sich, zuerst das Bedienen der Pedale zu üben. Zuerst im Stand, dann beim Fahren. Zweiter Gang rein und langsam Gas geben und dabei lenken. Macht den Kindern einen Heidenspaß, und sie sind ganz konzentriert bei der Arbeit. Höhepunkt ist natürlich die erste Freifahrt. Das Steuer aus der Hand zu geben ist voller Symbolik. Entsprechend stolz sind dann die Kinder – und die Eltern auch!

Selbstverständlich ist sorgfältig darauf zu achten, dass niemand dabei zu Schaden kommen kann!
Und Eltern müssen natürlich ganz unabhängig von dieser Spielidee beurteilen, ob sie die Autoschlüssel vor ihren unternehmungslustigen Kindern verstecken, wenn diese allein sind.

50.
COLA TRINKEN UND
WEINGUMMI SATT

51.
FERNSEHEN

Kinder haben ja eigenartigerweise keinerlei Hemmnisse, sich die perversesten Schöpfungen der Nahrungsmittelindustrie mit Hingabe einzuverleiben. Hauptsache, es ist ordentlich süß, mit genügend Farbstoff und einer auffälligen Form. Warum also nicht mal eine Zuckerparty feiern mit all dem, was sonst beschränkt oder gar ganz verboten ist?

Man investiert 50 Euro, lässt damit die Kinder im Supermarkt den Einkaufswagen füllen und stellt einen Nachmittag alle Bedenken hinsichtlich Karies und Mangelernährung beiseite. Die Erwachsenen müssen die Party mitfeiern, um zu verstehen, was die Kinder an dem Zeug eigentlich finden.

Mit Zuckerwaren kann man wunderbare Blindproben veranstalten. Mit verbundenen Augen versucht man die Süßigkeit zu erraten, die vorher klein gehackt werden muss, damit die Gestalt nicht gleich Aufschluss gibt über das, was man gerade zerkaut.

Tipp:
Halten Sie nach dem Zuckertrip Salziges bereit!

Man benötigt: Fernsehgerät, Fernbedienung

Kinder hängen an diesem Medium. Ein Fernsehverbot ist für viele eine harte Strafe. Machen Sie doch mal ein Fernsehgebot daraus, verpflichten Sie die Kinder zum Fernsehen und benutzen Sie das Fernsehgerät als Spielesammlung.

- Alle Macht der Fernbedienung. Derjenige, der sie gerade hat, darf 1 / 2 / 5 Minuten lang bestimmen, was angeschaut wird. Danach muss er sie dem Nächsten weiterreichen.
- Höhere Mathematik. Die Zahl, die als Ergebnis einer Rechenaufgabe herauskommt, bestimmt den anzuschauenden Kanal. Wer was anderes sehen will, muss sich eine neue Aufgabe ausdenken.
- Dingsuchen. Einer wählt einen Gegenstand, *Baum, Haus, Tier*, ein anderer zappt durch die Kanäle, und alle suchen das Ding. Wer es als Erstes erspäht, ist als Nächstes dran.

Reklame raten. Wer den Markennamen in Werbespots als Erster nennt, bekommt einen Punkt.

Astrologie. Jeder sagt voraus, was in der nächsten Szene geschieht oder welcher Akteur als nächster was sagt. Wer richtig oder nahe dran liegt, bekommt einen Punkt.

Zählen. Man schätzt und zählt, wie oft ein Moderator oder Sprecher ein bestimmtes Wort spricht oder eine bestimmte Geste macht.

Imitation. Man macht Personen oder Schauspieler nach oder spielt simultan Szenen mit.

Verfolgen. Mit einem Pointer, einem Lichtzeiger, nimmt man eine Person ins Visier und muss ihr folgen (etwa der Nasenspitze oder dem Ellbogen), ohne sie oder ihn zu verlieren. Mit jeder Szene wechselt der Spieler und der Vorgänger bestimmt den Kontaktpunkt.

Ton aus. Der Ton wird abgestellt und die Kinder erfinden und sprechen die Dialoge selber dazu.

Reporter. Einer berichtet den anderen, die nicht zusehen dürfen, was gerade geschieht.

Blinzeln. Die Kinder sitzen mit dem Rücken zum Gerät, und wer sich vor lauter Neugierde als Erster umschaut, hat verloren. Jede Runde einen neuen Kanal wählen.

Stoppen. Mit einer Stoppuhr misst man die Dauer einzelner Szenen. Wer sie richtig vorhergesagt hat, bekommt einen Punkt. Sehr schnelles Spiel.

Promi raten. Man zappt sich durch die Programme und muss immer den Namen des Sprechers, Schauspielers, Moderators, Entertainers raten. Für Vielgucker.

Überzeugen. Man muss Mama oder Papa mindestens einen guten Grund nennen, warum man über die festgesetzte Zeit hinaus noch weiter fernsehen darf.

Insider. Die Kinder beschreiben während des Zuschauens, wie Szenen gedreht worden sind, wie Tricks zustande kommen und mit welchen Stunts Action vorgetäuscht wird.

Ausschalten. Zwei Gruppen. Die einen verteidigen, und die Gegner versuchen den Kasten auszuschalten. Die Gewinner bestimmen, was weiter geschieht – natürlich fernsehen!

52.
Essen ohne Messer und Gabel

53.
Sabberparty

Wahrscheinlich essen die meisten Menschen auf diesem Globus ihr täglich Brot mit den Fingern. Wer etwa in Indien in ein Restaurant geht, selbst in eines der Luxusklasse, wird erstaunt sein, wie viele Gäste dort mit den Händen essen.

Das ist gar nicht so einfach. Oft fällt der Reis von den Fingern, bevor er den Mund erreicht, oder bleibt an Lippen und Wangen kleben. Satt wird man davon nicht. Aber es gibt einen eleganten Trick! Man muss den Daumen nehmen! Mit vier Fingern presst man eine kleine Reiskugel, führt sie an die Lippen, und der Daumen schiebt sie vom Handballen in den Mund.

Wer mit den Kindern indisch essen will, sollte den Trick nicht gleich herausposaunen, sondern sie ermuntern, selber ein bisschen zu probieren. Am besten ist, man lässt sich den Handgriff in einem indischen Restaurant von einem Kellner zeigen. Übrigens: In Indien isst man nur mit der rechten Hand. Die linke gilt als unrein.

Aber auch zu Hause lässt sich alles mit den Händen essen. Besonders vergnüglich wird es mit extralangen Spaghetti.

Man nimmt zum Beispiel eine dicke Messerbreite Nutella, schmiert sie sich auf den Unterarm und leckt die Nusscreme dann genüsslich ab. Zum Sabbern wunderbar geeignet sind auch Mangos. Wie alles, bei dem der Saft rinnt! Alles, was tropft, schmiert, läuft und klebt, muss auf den Tisch: Blaubeeren, Himbeeren, Melonen, Birnen, Kirschen, Negerküsse, Joghurt, Milch, Tomaten, Honig, Trauben, Sahnekuchen, Hähnchenschenkel, Frischkäse, Leberwurst usw. Nach dem Selberbesabbern bewirft man sich gegenseitig mit Tomaten oder Fruchtfleisch und spuckt mit Melonenkernen.

Ist die Melone ausgekratzt, darf man sie sich als Hut auf den Kopf setzen. Am besten trägt man für dieses Spiel Badekleidung oder bleibt gleich nackt.

Nur wer am Ende großflächig und bunt befleckt und beträufelt ist, wird mit Eimern lauwarmen Wassers übergossen oder mit dem Gartenschlauch abgesprüht. Alle anderen, also die Allzusauberen, müssen sich selber waschen.

Nur Tollkühne veranstalten ein solches Festessen in geschlossenen Räumen.

Kapitel 5 | *Sport und Spiel*

Man benötigt: Kricketspiel

Für dieses Spiel braucht man keine teuren Golfschläger. Ein preiswertes Kricket-Set tut es auch. Man steckt im Wald einen kilometerlangen Rundkurs ab. Denn anders als im eigenen Garten gibt es hier genug Platz, um mal ordentlich draufzudreschen und die Kugel so abzuschlagen, wie es alle Anfänger auch tun: mit aller Wucht und ohne Gefühl! Die meiste Zeit wird man dann eh mit der Suche nach der Kugel verbringen.

Was Golf im Wald so reizvoll macht, ist die Möglichkeit, unkontrolliert draufhauen zu können und sich nicht zurückhalten zu müssen. Man kann sich also richtig austoben. Dieses satte Plong, wenn man die Holzkugel abschlägt, oder das knirschende Zersplittern von Holzfasern: köstliche Geräusche, die man nur zu hören bekommt, wenn man mit Kraft und Schwung ausholt und mit aller Inbrunst zuschlägt.

Dieses alte Kinderspiel steht stellvertretend für eine ganze Reihe von Spielen, an die sich Erwachsene gern zurückerinnern.

Die Regeln sind einfach: Man bildet zwei Gruppen. Die Mitglieder der einen Gruppe stellen sich eng Seite an Seite, haken die Arme unter und bilden so eine Mauer, durch die kein Durchkommen ist. Jetzt wählt der Kaiser der anderen Gruppe seine Soldaten aus. Er ruft laut: *Der Kaiser schickt seine Soldaten aus, und er schickt den Korbinian aus.* Der Aufgerufene fetzt jetzt los und versucht, indem er sich rennend gegen die Mauer der anderen wirft, diese zu durchbrechen und eine Lücke zu schlagen. Gelingt es nicht, muss er Teil der gegnerischen Mauer werden. Gelingt es aber, darf er jemanden wählen, der ihn zurückbegleitet zur eigenen Gruppe. Wenn der Kaiser keine Soldaten mehr hat, muss er selber ausziehen, sprich, er schickt den Kaiser selber aus, und dann wird sich erweisen, ob der Kaiser des Kaisers wert ist.

56.
KLETTERN

Komm sofort da runter, und: Bist du verrückt, so hoch hinaufzusteigen … Mütter und Väter reagieren auf die ersten Kletterversuche ihrer Kinder meist panisch. Stattdessen sollten sie ihnen lieber die Drei-Punkt-Klettertechnik erklären und ihnen zeigen, wie man sich festhält, worauf man den Fuß stützt und wo ein nächster Haltepunkt zu finden ist, also situationsgerechte Unterstützung geben, anstatt mit Sätzen wie *Pass auf, dass du nicht runterfällst* selbst erfüllende Prophezeiungen zu kreieren.

Auch Klettern will gelernt sein! Klettern lässt sich überall und jederzeit. Man beginne mit der Körperkletterei: *Alle klettern auf Papas Schultern!* Oder Papa und Mama halten sich auseinander stehend an den Händen und bilden eine Brücke, die überklettert werden muss. Beliebt sind auch Körperpyramiden, die zu erklimmen sind. Daneben lassen sich Bergmassive aus Stühlen, Tischen, Kissen und Polstern bauen, und wer mag, bohrt zwei Dübel in die Wand und befestigt ein Seil, woran man sich über reißende Ströme aus Teppichlandschaften hangeln kann.

Über den Zwischenschritt der Baumkletterei kommt man unweigerlich zu Stein und Fels oder zum Plastik künstlichen Hallenclimbings. Beim Klettern in der Halle kann man sich Gurt und Seil meist ausleihen und setzt sich als Laie, anders als in alpinen Wänden, keinen Gefahren aus, weil man, bei fehlender Sicherungstechnik, in weiche Matten fällt und nicht auf harten Stein.

Man benötigt: Abseilachter, Seil, Klettergurt, Karabiner

Sich abseilen und frei hängen macht schon den Zweijährigen Spaß und erst recht älteren Kindern, wenn sie herausgefunden haben, dass man sich dem Seil ganz anvertrauen kann, ohne fürchten zu müssen, in die Tiefe zu stürzen. Es ist ein bisschen wie schwerelos im Weltall zu schweben. Man befestigt ein Seil mit einem Karabiner an einem Baum, einem Haus oder einer Brücke. Dann wird das Kind am Gurt in das Seil geknotet und langsam hochgezogen. Zuerst wenige Zentimeter, sodass das Kind nur knapp über dem Boden pendelt. Nun immer höher, bis man den höchsten Punkt erreicht, und dann wieder hinunter. Zuerst ganz langsam, dann schneller. Mit einem Abseilachter lässt sich die Fahrt nach unten ganz fein dosieren und abbremsen.

Oder sich frei hängend eindrehen zu lassen und dann mit dem Drill zurückzuschnellen.

Oft gefällt Kindern ein ein, zwei Meter freier Fall und dann ein weiches oder gar hartes Bremsen am besten.

Man benötigt: Fahrrad

Tour de France im eigenen Viertel? Warum nicht. Die Kleinen bekommen Vorsprung, und die Großen stoppen die Zeit. Jeder darf eine Etappe festlegen und sagen, wie der Kurs in dieser Runde verlaufen soll.

Zusätzlichen Spaß bringen Geschicklichkeitsfahrten, bei denen die Fahrer schwierige Geländehindernisse zu überwinden haben, ohne sich mit den Füßen abstützen zu dürfen. Der Reihe nach werden Beginn, Ende und zu umfahrende Schwierigkeit definiert, und der Schiedsrichter notiert die Punkte. Einmaliges Bodenberühren gibt einen, mehrmaliges drei und Fahrzeugstillstand fünf Punkte. Solche Hindernisrennen kann man überall fahren: über Bordsteine und enge Ecken, im Wald und in der Kiesgrube, oder man zeichnet zu umfahrende Figuren mit Kreide auf den Asphalt.

Man benötigt: 20 m Seil, Wasserfahrzeug

An einem heißen Sommertag mit angenehmen Wassertemperaturen mietet man ein Ruderboot und rudert mit der ganzen Familie hinaus auf den See. Nun bindet man ein Ende des Seils ans Boot, und in das andere Ende macht man eine Schlaufe. Mit dieser springt der Erste ins Wasser. Die anderen betätigen sich nun als Galeerensklaven, legen sich ordentlich in die Riemen und schleifen den Kapitän durchs Wasser! Geschwindigkeit heißt dabei der Spaßfaktor! Da geht einem freilich schnell die Puste aus. Weniger anstrengend ist es, sich von einem Segelboot oder einem Windsurfer ziehen zu lassen.

Noch einfacher ist die Strandmaschine: Einer schwimmt mit dem Seil hinaus auf den See. Die am Ufer Zurückgebliebenen packen nun das Tau, rennen gemeinsam los und katapultieren so den Schwimmer zurück an den Strand.

Variation:

Alte Surfbretter erhält man fast umsonst. Sie eignen sich sehr gut als Spiel- und Badebrett für zahllose Piraten- und Enterspiele.

Man benötigt: Skateboard, Bambusrohr, Bettlaken, Plastikplane, Wind

Sonntags, wenn die Parkplätze der großen Einkaufszentren leer und frei von Autos sind, gibt es hier viel Platz zum Windskaten. Die Profis befestigen hierfür ein richtiges Segel mit Mast auf dem Skateboard. Man kann aber auch mit zwei Bambusrohren, einem alten Bettlaken und zwei Dutzend Wäscheklammern ein Rigg improvisieren. Das klappt gut! Ohne große Übung gelingt es dann, die Kräfte des Windes zum eigenen Vortrieb zu nutzen.

Man spreizt das Segel, legt sich gegen den Wind und nimmt Fahrt auf. Das ist gar nicht schwierig! Natürlich braucht man Muskelkraft und merkt auch, wie stark so ein laues Lüftchen an den Armen zerren und wüten kann. Mit genügend Erfahrung wird man längere Bambusstangen und eine große Plastikfolie verwenden, um die Segelfläche zu vergrößern.

Das Spiel mit dem Wind macht aber auch ohne Skateboard großen Spaß.

Segeln ist super! Gerade dann, wenn man noch nie gesegelt ist. Das Prinzip ist, etwas zu tun, was man noch nie getan hat. Segeln bietet sich deshalb an, weil es zum einen sehr komplex und auf Anhieb nicht zu begreifen und zum anderen weitgehend risikolos ist. Im schlimmsten Fall kentert man oder fällt ins Wasser. Das sinkende Boot zahlt die Versicherung, und man selbst trägt Schwimmwesten.

Segeln ist auch deshalb interessant, weil das Boot von alleine losfährt, ungeachtet aller Kommandos und allem Reißen am Steuer, das hier «Pinne» heißt. Das Boot fährt nicht nur von alleine los, sondern bestimmt auch seine Fahrtrichtung selbst, ohne Rücksicht darauf, wohin man selber eigentlich will.

Sich solch einer Situation auszusetzen und möglicherweise dem Gelächter der Zuschauer am Ufer verlangt Mut und die Fähigkeit, über sich selbst und die eigene Hilflosigkeit schmunzelnd hinwegsehen zu können.

Keine Panik: Jeder Segelboot-Verleih rüstet seine Jollen mit zwei Riemen oder einem Paddel aus. Damit rudert man dann wieder heim. Schiff ahoi!

62.
SCHATZSUCHE

Man benötigt:
Schatz, Plan, Karte

Man nimmt einen Geldschein und tütet ihn wasserfest ein. Dann fährt man in einen nahe gelegenen Wald, buddelt ein Loch und vergräbt den Schein. Nun geht's daran, einen Plan zu zeichnen und das Papier künstlich zu altern: entweder mit Ruß schwärzen, an heißer Herdplatte anbräunen oder über offener Flamme ansengen. Am besten verwendet man Tinte, um die Schrift verwischen zu können, und sorgt für schöne Fettflecken. Mit alten Symbolen, seltsamen Zeichen und versteckten Hinweisen verrätselt man den Plan und führt so die Schatzsucher in die Irre. Die Begeisterung der Kinder gewinnt man mit einem gut ausgearbeiteten und schön gestalteten Schatzplan. Die Karte ist deshalb wichtiger als eine kostbare Schatzkiste mit alten Münzen und Schmuck vom Flohmarkt.
Sie können das Papier auch zwei Wochen einstauben lassen und den Schatzplan dann zufällig finden. *Schaut mal, was ich gefunden habe!*

Achtung! Schatzsuche ist ein Spiel, das schnell aus den Augen verloren wird. Während der Plan auf dem Speicher einstaubt, vergisst man ihn, und die Kiste mit alten Büchern, in die der Plan eingelegt war, ist auf dem Flohmarkt verkauft worden.

Testessen ist eine kleine Schule der Wahrnehmung. Fast alle Kinder mögen Hamburger. Daher beginnt man am besten mit einer Tour zu den großen Hamburger-Ketten. Zuvor muss man gemeinsame Bewertungskriterien entwickeln, um danach den Sieger ermitteln zu können. Die könnten etwa so aussehen:
Wenn der häusliche Etat keine ausgiebige Hamburgerrunde erlaubt, kauft man bei jeder Fast-Food-Kette nur einen und teilt ihn unter den Teilnehmern auf. Sparsam zu sein lohnt sich auch, weil man das Gesparte dann gleich wieder in neue Testfahrten investieren kann: *Pommes Frites, Gyros, Kebab, Currywurst, Pizza!*

Natürlich kann man auch, bei hinreichend finanziellem Einsatz, *Testessen* in *Restaurantkritiken* überleiten. Wenn man sich schließlich durch all diese Niederungen der Verköstigung hindurchgearbeitet hat, darf man zum Olymp aufsteigen und geht in die Eisdiele.

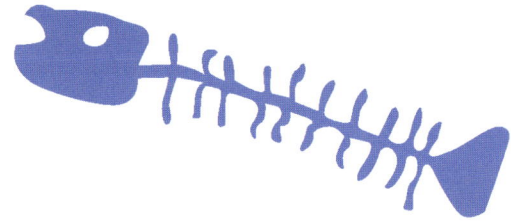

	Service	Aussehen	Größe	Geschmack	Bissfestigkeit	Preis
Wendy's						
Burger King						
McDonald's						
Wienerwald						

KAPITEL 6 | *Bauen*

Basteln hat den Vorteil, dass man praktisch aus nichts etwas machen kann, und wenn man nur ein paar Servietten in ein Origami-Kunstwerk faltet. Alles, was man braucht, ist eine kleine Idee. Materialien finden sich dann von selbst.

64.
EIN FLOSS BAUEN

Man benötigt: Wäscheleine, schwimmendes Material

Einfach zum See laufen, Säge, Hammer und Nägel unter dem Arm, um aus dem angrenzenden Wald das nötige Holz herbeizuschleppen, das ist hierzulande nicht mehr möglich. Deshalb muss man sich mit 100 Metern Wäscheleine behelfen und allem, was schwimmt oder wenigstens nicht so schnell untergeht. Styropor etwa ist gut geeignet und wird in den Fachgeschäften für Waschmaschinen, Kühlschränke, Geschirrspüler etc. gerne hergeschenkt. Das Styropor stopft man in neun große Plastik-Mülltüten, die man allesamt, mit der Öffnung nach oben, mit einer Wäscheleine fest zusammenbindet. Schon ist der Prototyp für den Stapellauf bereit. Das Floß schwimmt prima, lässt sich allerdings kaum steuern. Es hält eine ganze Badesaison, muss zum Transport aber wieder zerlegt werden. Manche Qualitäts-Müllsäcke brauchen auch nur mit Luft gefüllt zu werden. Aufpumpen, Knoten hinein, festziehen und fertig. Damit lassen sich Stunden oder gar Tage auf dem Wasser verbringen, und auch der Transport ist überhaupt kein Problem: Luft rauslassen und die Säcke zusammenlegen.

Für stabilere Flöße verwendet man Plastikkanister, zimmert eine richtige Plattform aus Holzbrettern und errichtet mit einer Bohnenstange einen drei Meter hohen Mast. Piratenflagge nicht vergessen!

65.
EIN FLUGZEUG
KONSTRUIEREN

Man benötigt: Bambusstangen, Hanfschnur, Packpapier, Säge, Bohrmaschine, Schere

Panamarenko ist ein Künstler, der Luftfahrzeuge konstruiert, die nicht fliegen können. Er nimmt nämlich keine Rücksicht auf die Regeln der Physik, sondern erlaubt sich Freiheiten in der Wahl des Materials – Bambus, Weidenruten, Segeltuch und Blech –, die keine Aerodynamik je verzeihen würde. Seine Entwürfe und Modelle sind faszinierend, weil darin mehr der Traum vom Fliegen eingewoben ist als das Fliegen selbst. Man kann es Panamarenko nachtun. Dazu braucht man außer Phantasie ein Dutzend drei Meter lange Bambusstangen, einen Wickel Hanfschnur und für die Bespannung entweder Abdeckfolie oder eine Rolle Packpapier.

Man zeichnet eine Konstruktionsskizze und legt Säge, Bohrmaschine und Schere bereit. Mehr braucht man nicht, um einen erstklassigen Doppeldecker-Prototypen mit einer Spannweite von sechs Metern auf die Räder zu stellen. Man muss die Stangen und Streben ordentlich abstützen und mit der Schnur auf Zug halten. Es ist darauf zu achten, dass die Flugmaschine zerlegbar ist, sonst bringt man sie nicht durch die Tür und damit auch nicht in den Kindergarten, wo das Fluggerät der Star der Woche sein wird – den Piloten dort ist es wurscht, ob's fliegt oder nicht.

Perfekt ist eine solche Flugmaschine, wenn sie auch noch zwei Räder hat, damit man sie durch die Straßen ziehen kann. Vielleicht befestigt man auch noch einen Propeller in Form eines verbogenen Blechstreifens, der mit einem Expandergummi aufgezogen werden kann. So schön das Ding dann dasteht: Abheben wird das Flugzeug leider nicht, dafür kann es aber auch nicht abstürzen. Auf jeden Fall aber wird es die Phantasie beflügeln.

Man benötigt:
Plastikfolie, Leinen,
Angelschnur, Klebeband,
Lochzange, zwei Griffe

Paragliding ist die Billigvariante von *Ein Flugzeug konstruieren* und bei den meisten Kindern äußerst beliebt, weil kurzfristig realisierbar und sehr effektvoll im Spiel.

Damit man aus der planen Fläche einer 5 x 5 m großen Plastikfolie eine Wölbung erhält, schneidet man Dreiecke aus der Folie (s. Abb.).

Danach klebt man die Schnittkanten mit Klebefilm zusammen und erhält so eine Kugelform. Rund um den Rand des Fallschirms klebt man zur Verstärkung der Kante ebenfalls ein Klebeband auf, bevor man mit einer Lochzange die Löcher für die Schnüre herausstanzt. Nun knüpft man die Schnüre ein, teilt sie in zwei Bünde und knotet jeden Bund um ein Griffstück – für jede Hand eines.

All das dauert selbst beim ersten Versuch nicht mehr als ein, zwei Stunden. Für den Jungfernflug wartet man einen windstillen, sonnigen Tag ab und wählt einen leicht geneigten Grashang. Der Schirm hebt zwar nicht wirklich ab, jedoch kann ein Kind ein paar Meter weit getragen werden. Manchmal braucht man ein paar Helfer, die die Folie an beiden Seiten halten und mitlaufen, bis sie sich entfaltet hat und Zug bekommt.

Das bloße Hochziehen einer im Sonnenlicht glitzernden Folie mit fünf Metern Durchmesser ist solch ein Spaß und eine solche Aufregung, dass man darüber ganz vergisst, dass man außer einem kleinen Hüpfer eigentlich keinen großen Flug getan hat.

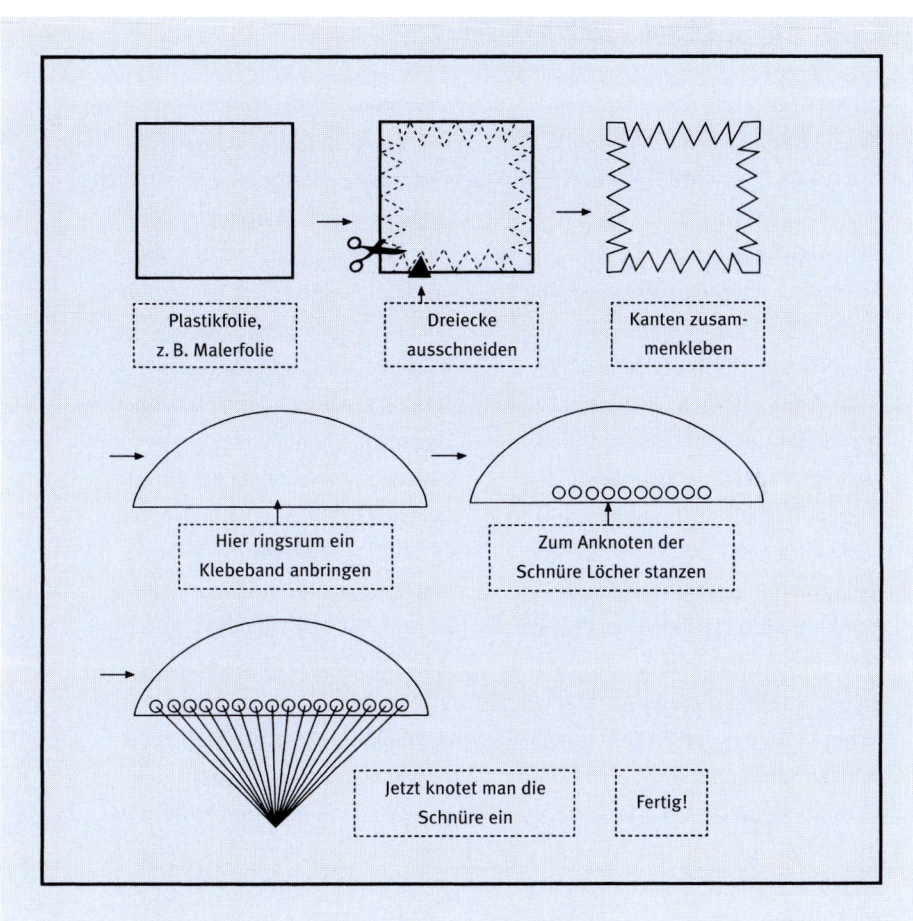

Plastikfolie,
z. B. Malerfolie

Dreiecke
ausschneiden

Kanten zusam-
menkleben

Hier ringsrum ein
Klebeband anbringen

Zum Anknoten der
Schnüre Löcher stanzen

Jetzt knotet man die
Schnüre ein

Fertig!

Man benötigt:
Axt, Säge, Hammer, Bauholz, Nägel, Taue, Plastiksäcke

Ein Baumhaus, am besten außer Sichtweite elterlicher Beobachtung, ist für Kinder existenziell wichtig. Irgendwann werden sie von alleine losziehen, um einen Platz für geheime Zusammenkünfte zu finden, und sich selber an Planung und Ausführung eines Baumhauses machen. Da ist es dann gut, wenn wenigstens einige in der Clique sich erinnern, wie sie schon einmal mit Hilfe eines Erwachsenen diese Konstruktion angegangen sind. Denn unvermutet aus drei Metern Höhe herunterzukrachen, weil eine Eckverbindung nicht hält, ist alles andere als lustig.

Für ein Baumhaus braucht man einen Baum mit schöner Krone und vielen Astgabeln in gleicher Höhe. Nun gilt es ausreichend Bruchholz herbeizuschleifen und die Stämme zu entrinden und von Ästen und Zweigen zu befreien. Je nach Architektur hämmert man nun die Stützpfosten mit großen Zimmermannsnägeln auf die tragenden Äste, oder man verwendet Taue, um die Hölzer miteinander zu verknoten. Für die Wände nimmt man Reisig und steckt es so blickdicht zusammen, dass im Inneren wirklich so etwas wie ein Raumgefühl entsteht. Das Dach besteht aus quer gelegten Stecken und Reisig oder auch aus Düngertüten, die man beim Anmarsch im Wald aufgelesen hat. Die Düngertüten halten natürlich den Regen nur symbolisch ab. Aber das macht nichts, denn auch das Baumhaus ist ja in Wirklichkeit kein richtiges Haus. Die Kinder merken das spätestens dann, wenn man ihrem Wunsch nach Übernachtung nachgegeben hat. Wenn dann die Dämmerung langsam herniedersinkt und es arg dunkel wird im Wald, still und unheimlich, dann wird garantiert irgendjemand ganz beiläufig bemerken: *Ach, übernachten wir doch ein anderes Mal hier draußen!* Und ab geht's nach Hause!

Variation:

Statt in die Höhe baut man ebenerdig: kein Baumhaus, sondern eine Hütte. Die Konstruktion ist dieselbe, nur die Fallhöhe erheblich geringer.

68.
EINE LUFTSEILBAHN BAUEN

Man benötigt:
Tau, Karabiner, Seilrolle

Ein Bergseil, obschon wunderbar lang, ist hier die falsche Wahl. Dieses soll nämlich Stürze abfedern, ist daher elastisch und gibt zu sehr nach, wenn man es auf 40 Meter spannen will. Seile aus Hanf oder synthetischem Material mit wenig Dehnung eignen sich für eine Seilbahn besser. Jetzt fehlen nur noch ein leichtes Gefälle und zwei massive Ankerpunkte, zwischen denen man das Tau festzurrt und strafft. Man sollte das Seilende zunächst nicht zu weit oben fixieren, sondern in kindgemäßer Höhe, sodass man im letzten Seildrittel die Füße anziehen muss, um nicht am Boden zu schleifen, andererseits die Fahrt aber notfalls abbremsen kann, wenn es einem zu schnell wird. In das Tau hängt man eine Seilrolle aus Alu, wie sie Bergsteiger benutzen. Daran klinkt man einen Karabiner und daran wiederum bindet man eine Schlaufe zum Festhalten, einen Holzsitz oder die Reepschnur zum Klettergurt.

Je nach Gefälle und Reibung zwischen Seil und Rolle ergibt sich zuweilen eine rasante Fahrt. Dann verringert man die Seilspannung und arbeitet mit einem Gegenanstieg, um nicht ungebremst aufzuprallen.

Nach den ersten Versuchen und Erprobungen wird man das Seil natürlich über Hindernisse und Tiefen spannen, über Gräben, Findlinge, Bäche, kleine Flüsse, von Anhöhe zu Anhöhe. Luftseilbahn fahren macht so viel Spaß, dass man nun überall Ausschau hält nach Gelegenheiten für solche Mutproben.

Man benötigt: Leim, Drahtgewebe, Papier, Stoff, Farben

Diese Idee ist von chinesischen und japanischen Umzügen abgeschaut. Pappmonster basteln macht verhältnismäßig wenig Arbeit dafür, dass am Ende ein wirklich beeindruckendes Gebilde vor einem steht. Man braucht nicht mal einen großen Plan und auch keine Skizze eines Furcht erregenden Antlitzes, weil sich das beim Arbeiten ganz von selbst ergibt. Unentbehrlich ist ein leichtes Drahtgewebe, das man in jedem Gartencenter oder Baumarkt bekommt. Es sollte gut formbar sein, denn stabil wird es beim Bekleben von allein. Nun biegt man eine Fratze oder einen riesigen Monsterkopf mit weit aufgerissenem Rachen, tief liegenden Augen und mit zerfurchter Stirn und Hörnern. Dabei darf man das Schlupfloch unten nicht vergessen, damit man sich die Maske später über den Kopf stülpen kann. Während die Kinder den Schädel gestalten, rührt man einen Eimer Tapetenkleister an und holt einen Packen Altpapier herbei. Die erste Lage, die direkt auf das Gitter kommt, muss zuvor gut eingeweicht werden, damit sie sich schön in Hebungen und Sen-

kungen hineinlegt. Später kann man auf weiteren Lagen Augenwülste, lange Nasen und fürchterliche Warzen formen. Nach der Trocknungsphase – manchmal kann man sogar das Drahtgitter wieder entfernen – ist der Monsterschädel wunderbar leicht und bereit für wüste Bemalung. Handelsübliche Dispersionsfarbe gibt es in kleinen Einheiten und für wenig Geld.

Während die Farbe abbindet, wird das Kostüm geschneidert. Es muss mindestens so monsterhaft sein wie der Kopf selbst.

Fehlt noch ein Schlachtruf, ein Gebrüll, ein Gerotze, ein fauchiges Zischen, ein gefährliches Röcheln, und das Monster ist bereit, sich in der Menschenwelt zu bewähren – und das heißt, Opfer zu finden, zu fressen und zu verdauen, bis es satt ist und ruht.

Um eine Seifenkiste zu bauen, braucht man einen längeren Atem. Dafür erhält man mit Idee, Planung, Zeichnung und Konstruktion, mit Materialbeschaffung, Fahrzeugbau und Testfahrt ein richtiges Projekt, das dem Spiel Intensität verleiht, und einen Höhepunkt: die Teilnahme an einem Seifenkistenrennen!

Ein ganz einfaches Modell lässt sich an einem Nachmittag bauen: Man schraubt vier Räder, zum Beispiel von einem Kinderwagen, den man dem Sperrmüll entrissen hat, an ein schlichtes Holzbrett, lagert die vordere Achse mittig und zieht die Schraube nur leicht an, damit man mit den Füßen lenken kann.

Ein Tipp zur Materialbeschaffung: Es sind weder die Aerodynamik noch die verwindungssteife Karosse oder das Design und die Farbgebung, die den Sieg beim Rennen ausmachen. Es sind die Lager, sonst nichts.

Man benötigt: Seil, Sitz

Was man braucht, ist ein langes Seil. Dazu zwei Bäume in passendem Abstand und mit einer Astfolge, die es erlaubt hochzuklettern und die gleichzeitig Platz genug lässt, um das Seil dazwischen v-förmig hin- und herschwingen zu lassen. Ein Ende des Taues verknotet man in der einen Krone und das andere in der anderen. Je höher das Seil angebracht ist, desto größer der Schaukelradius und mithin der Spaß und das Grummeln im Bauch im Umlenkpunkt.

Statt sich direkt ins Seil hineinzusetzen, sollte man lieber ein Holzbrett mit zwei Löchern links und rechts hineinfädeln, worauf bequemer zu sitzen ist. Kinder lässt man besser nur mit Klettergurt schaukeln.

Bäume sind nicht die einzigen geeigneten Verankerungspunkte. Fündig wird man auch an Brücken, in Lagerhallen oder zwischen Häuserwänden. Hervorragend sind Eisenbahnbrücken über einem Fluss. Das einzige Problem dabei: Man muss zur Schaukel hinschwimmen oder sich am Seil von der Brücke herunterlassen. Dann aber hat man ein Vergnügen ohnegleichen.

72.
PAPIERFLIEGER-
WETTBEWERB

Man benötigt:
DIN-A4-Papier

Für alle, die sich aus der Schulzeit
noch erinnern, wie es geht, ist Papier-
fliegerbasteln ein kurzweiliger
Pausenfüller, und man braucht nicht
einmal eine Schere, jedenfalls nicht
für die einfachen Modelle, sondern
nur ein paar Blätter Papier.

Man bestimmt eine Startlinie, und
wessen Flieger am weitesten fliegt,
der hat gewonnen. So weit, so simpel.
Spannend wird es, wenn man über
die Familie hinaus die Nachbarn zum
Wettbewerb herausfordert oder mit
den Nachbarn zusammen die Bewoh-
ner der anderen Straßenseite oder
gar ein örtliches Papierfliegerfest
organisiert.

Vorzubereiten ist wenig, und der
Effekt ist enorm: Jung und Alt sitzen
plötzlich an einem Tisch, tauschen
geheimste Faltkonstruktionen aus
und bauen sich gegenseitig die
Modelle nach. So einfach bringt man
die Generationen angeregt und
vergnügt ins Gespräch.

Wenn man mag, bildet man eine Jury,
die nicht nur die geworfene Weite
bewertet, sondern auch die Eleganz
des Fluges, die Schönheit eines
Flugmodells oder die Genialität der
Konstruktion.

Variation:

Nicht ebenerdig abwerfen, sondern
aus großer Höhe: von Brücken,
Hochhäusern, Fernsehtürmen.

Man baut mit Kindern Waffen wie Speere, Pfeil und Bogen und Schleudern, weil es eine Zeit hierfür gibt, die gelebt werden will. Je vollständiger man dort hineingeht, desto vollständiger wird man sie auch wieder verlassen, und nichts bleibt zurück. Es gibt eine Zeit, in der Kinder an Waffen hängen, als Gegenstück zu Unsicherheit und Ungewissheit. Waffen zu tragen nährt das eigene Machtgefühl und verändert das ganze Auftreten einer Person.

Damit Kinder über die Waffenzeit gut hinauskommen, zieht man daher ganz unbesorgt in den Wald, schnitzt zusammen einen schönen Speer oder fertigt eine Steinschleuder. Dann kann man versuchen, einen Hasen oder ein Wildschwein zur Strecke zu bringen.

Sobald Kinder erkennen, dass es wirksamere Waffen gibt als Messer und Fäuste, nämlich die «Waffen» Gefühl, Einsicht und Intelligenz, verlieren sie von alleine das Interesse daran.

Man benötigt:
Sand, Schaufel

Wenn man das Wochenende an der See verbringt, merkt man schnell: Das Kind braucht eine Schaufel! Eine Sandburg zu bauen wird zu einer großartigen Sache, wenn man vor der Abreise in den Baumarkt geht und sich einen richtigen Spaten und eine richtige Schaufel zulegt, statt die Kinder mit Plastikspielzeug auszustatten.

Zuerst lachen die Nachbarn, wenn man am Strand mit Profiwerkzeug auftaucht.

Aber das ändert sich schnell. Garantiert ist man der Einzige am ganzen Strand, der ordentliches Gerät bei sich hat. Wo andere einen ganzen Tag an ihrer Grube buddeln, errichtet man selbst Burgen und Schlösser. Das ruft Staunen und Neid hervor. Nun kommen zuerst die Nachbarskinder und fragen, ob man sich die Schaufel mal ausleihen dürfe. Später kommen dann die Nachbarsväter und murmeln was von: *Gute Idee, so ein Ding dabeizuhaben!*

Das allein lohnt die Investition.

Man benötigt:
Schnee, Schaufel

Ein richtiger Iglu setzt richtige Wetter-
verhältnisse voraus, denn man muss
Quader aus dem Schnee heraus-
schneiden. So ein Wetter findet man
in Grönland, aber hierzulande nur
selten. Daher ist es besser, mit der
Schaufel oder einer Schneeschippe
den Schnee zu einem ausreichend
großen Hügel aufzuhäufen, bis man
einen Tunnel graben oder eine Höh-
lung rausschaufeln kann. Ist der
Schneeberg hoch genug, lassen sich
ganze Höhlensysteme anlegen. Und
wenn der Iglu einstürzt, kann man ihn
als Schlittenberg benutzen.

Man benötigt:
zugefrorener See,
Schlitten, Plastikplane

Man setzt sich auf einen Schlitten und
lässt den Wind eine große
Plastikplane zu einem Segel auf-
blähen. Zwei Ecken der Plane hat man
am Schlitten befestigt, während man
die anderen beiden in den Händen
hält. Das reicht allemal für ein paar
hundert Meter Geradeausfahrt über
das Eis. Um den Reibungswiderstand
der Kufen zu überwinden und um
schneller in Fahrt zu kommen, hilft es,
wenn man zu Beginn ein bisschen
angeschoben wird. Es geht auch ohne
Schlitten, nur mit Schlittschuhen an
den Füßen, sogar im Paarlauf – alles
eine Frage der Balance. Wie beim
Windskaten kann man die Folie auch
zwischen zwei Bambusstangen
anbringen und so die Segelfläche
noch beträchtlich vergrößern. Steuern wie richtige Eissegler lässt sich
das Gefährt allerdings nicht.

77.
EINEN HUT FILZEN

Man benötigt: Wolle

Filzen geht ganz einfach: Einen
Wollpullover bei 95 Grad waschen
und anschließend rein in den Trock-
ner – schon hat man einen neuen
Überzieher für die Lieblingspuppe.
Ein Hut ist das freilich noch nicht.
Einen Hut filzen steht stellvertretend
für eine Unmenge von Bastelideen –
und hierzu sind zahllose Bücher auf
dem Markt, die einen mit Anregungen
versorgen. Die Erfahrung zeigt, dass
Basteleien freudiger angenommen
werden, wenn hinterher was Brauch-
und Benutzbares herauskommt.
Filzen geht so: Man besorgt sich
Bergschafwolle (keine Milchschafe!),
bereitet eine Seifenlauge, nässt
damit die Wolle und rubbelt, reibt und
verdichtet sie zu einem festen Vlies,
das nun über einem Ball oder einer
Kugel, die die Größe des Kopfes hat,
zu einem Hut geformt werden kann.
Jeder Dreijährige schafft das. Wenn
man innen ein Stirnband aus Baum-
wolle oder Leinen gegennäht, dann
juckt die Wolle auch nicht auf der
Stirn. Nun hat man einen regenfesten
Schutz auf dem Kopf, der sich beliebig knautschen lässt, der wärmt – und
den sonst keiner aufhat.

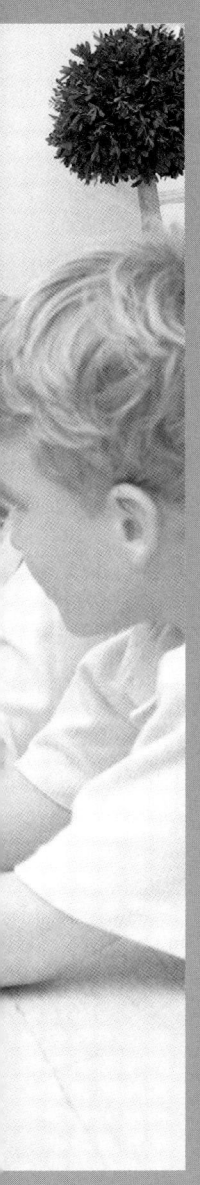

KAPITEL 7 | *Kunst*

78.
PERFORMANCE

79.
EINE KUNSTSAMMLUNG
ANLEGEN

Was ist eine Performance? Was ist ein Happening? Es ist ein Ereignis, das den Akteuren viel Spaß bereitet, bei dem der Zuschauer jedoch nicht weiß, was er davon halten soll, und das man auch als ausführender Künstler manchmal nicht kapiert. Das ist nicht weiter schlimm, so lange das Ergebnis nur hübsch anzuschauen ist. Eine Performance kann zum Beispiel sein: Beim Spaziergang eine «Gedankenkette» aus Steinen zu setzen, die man von Wiese, Acker oder vom Weg aufgelesen hat und im Abstand von einem Meter in Linie hinlegt. Oder man bindet allen Bäumen in einem kleinen Waldstück in gleicher Höhe ein Schleifchen aus Ähren um.
Oder aber man sammelt im Wald alle abgebrochenen Äste ein und repariert sie, indem man sie mit einer Paketschnur wieder festbindet.
Man kann aber auch in der U-Bahn einen inszenierten Streit vorführen oder in einer größeren Gruppe plötzlich auf der Straße stehen bleiben und aufgeregt auf einen Punkt am Himmel zeigen.

Man kann Kinder an moderne Kunst heranführen, indem man ihnen viel davon erzählt. Ein anderer Weg ist, mit ihnen Objekte zu sammeln, die sie selber zu Kunst erhoben haben. Es genügt, das Alltägliche in einen neuen Rahmen zu stellen, in einem neuen Zusammenhang aufzuzeigen und dabei etwas Neues zu sehen und zu denken. Vielleicht beginnt man mit eigener Malerei, vielleicht erklärt man seine alten Schulhefte für Kunst, vielleicht sammelt man Eisstiele oder Kalenderblätter, um damit später eine Präsentationsidee zu realisieren. Man kann allen gelesenen Büchern mit Kleister die Seiten verkleben, man kann sich einen Monat lang täglich selber fotografieren oder jeden Morgen seinen ersten Atem in einen Luftballon blasen. Man kann jeden noch so banalen Gegenstand zu Kunst erklären und ihn zum begehrten Sammelobjekt werden lassen.

Nein, nicht in ein Museum gehen, sondern eines gründen, um die eigenen Sammlungen zu präsentieren. Dazu braucht man kein leeres Zimmer, sondern nur eine leere Wand. Eine Sammlung ist schnell beieinander: Jeder und jede malt drei Bilder, und alle Werke werden aufgehängt – fertig ist die Kunstausstellung. Wenn man ein dauerhaftes Museum einrichten will, also eine Museumswand, dann sollte man sich für die Bilder Wechselrahmen besorgen und Holzkästen oder Pappkartons für die dreidimensionalen Objekte. Jeden Monat können Thema und Motto der Ausstellung und der Kurator wechseln. Man kann Freunde einladen und mit einer Vernissage und einem kleinen Vortrag eröffnen. Das Museum muss keine große Kunst zeigen – ein simpler Kieselstein bekommt sofort etwas Besonderes, wenn er, allein in einem Schuhkarton und von Halogenlicht angestrahlt, an der Museumswand ausgestellt wird.

Man kann neben Kunst auch Gräser, Blumen, Rindenstücke, Steine, Abfall oder Ideen zeigen. Das Museum des 16. Juni etwa: Was man an diesem Tag gedacht oder erlebt hat, schreibt man auf einen Zettel und legt ihn in den Schuhkarton. Vielleicht stellt man auch noch einen kleinen Gegenstand dazu, den man an diesem Tag gefunden oder häufig benutzt hat. Oder man wählt als Thema der nächsten Ausstellung «Gelb», und jeder Künstler soll sich einen Beitrag hierzu überlegen.

Man benötigt: Papier, Farben, Wasser

Ein Klassiker nicht erst seit van Gogh. Bei schönem Wetter zieht man hinaus in die freie Natur, mit Pappe und Stiften, Papier und Farben und einem Plastikbecher mit Wasser, worin man seinen Pinsel taucht. Falls die Sonne brennt, den Hut nicht vergessen.

Und los geht's. Gemalt und gezeichnet wird alles, was sich dem Auge bietet.

Manche Kinder sind nach drei Minuten fertig, und andere wiederum hören gar nicht mehr auf und fügen Detail an Detail.

Verbinden Sie deshalb das künstlerische Schaffen mit einem kleinen Picknick und einer liebevollen Würdigung und Präsentation der Arbeiten.

Action-Painting heißt, auf andere Weise als sonst üblich mit Farben umzugehen, großformatig zu malen und sich dabei aller nur denkbaren Werkzeuge zu bedienen: Spachteln, Stroh, Lappen, Siebe, Fäden, Stricke, Scherben, Blumentöpfe, Joghurtbecher. Man lässt z. B. einen Eimer mit einem kleinen Loch und viel Farbe darin an einer langen Schnur von der Decke baumeln, legt eine große Leinwand auf den Boden und gibt dem Eimer einen Schubs, sodass die Farbe kreisförmig auf die Leinwand tropft.

Statt teurer Künstlerfarben verdünnt man Dispersionsfarben mit Wasser und statt einem Malgewebe benutzt man Pappe.

Geben Sie kleinen Kindern ein Farbmotto vor, z. B.: *Rot kämpft gegen Grün* oder *Blau liebt Gelb*.

Wenn man mit Farbe gefüllte Luftballons gegen den Malgrund platzen lassen will, dann sollte man die Aktion allerdings besser nach draußen ins Freie verlegen.

83.
ZWÖLF-TON-MUSIK

Zwölf-Ton-Musik soll hier nicht verstanden werden als Musik im Sinne Arnold Schönbergs. Zwölf-Ton-Musik heißt: Viele verschiedene Töne, Rhythmus und Krach. Dazu braucht man nicht einmal Instrumente. Man beginnt mit Schenkelklopfen, dann Schenkel-Hand, dann Schenkel-Hand-Couch, dann Schenkel-Hand-Couch-Tisch und dazwischen ein Pfiff, ein HuHuHu, ein AhAhAh und TäTaTäTäng, und das alles immer lauter und immer schneller.

In der nächsten Runde entleiht man dem Küchenschrank Töpfe und Kochlöffel und baut seine Schlagwerkzeuge auf: die *bateria*, wie es in Brasilien heißt.

Hat man sich ausgetobt, geht man dazu über, Programmmusik zu machen. Motive können sein: *Ein Spatz badet sein Gefieder. Ein Tiger schleicht sich an. Die Katze ist verliebt in den Kater. Der Hund freut sich aufs Gassigehen. Schwere Wolken ziehen dahin. Ein Sommerregen. Wintersturm. Schnürsenkel, die sich nicht verknoten lassen. Mama hat Spinat gekocht. Papa kommt heim von der Arbeit. Schulfrei. Ferienstimmung. Schlechte Nachricht. Gute Laune. Wir dürfen fernsehen. Ab ins Bett ...!*

Zu schwer? Ganz und gar nicht! Kinder zu bitten, einen prasselnden Sommerregen zu beschreiben, zeitigt kaum literarische Ergebnisse, aber mit Tönen und Lauten sind sie sehr wohl in der Lage, das Wesen eines solchen Regens wiederzugeben – mit oft bemerkenswertem Feingefühl.

Erdmonumente sind die fälschlicher-
weise Außerirdischen zugeschriebe-
nen Kornkreise in Südengland. Ein
Erdmonument ist ebenfalls das
Zeichen am Münchner Flughafen, und
ein Erdmonument ist auch der begeh-
bare Labyrinthberg in Hermannsdorf.
Für solche Projekte braucht man
entweder viel Erde oder große Bau-
fahrzeuge. Man kann aber auch Laub
statt Erde nehmen. Im Herbst, wenn
die Blätter fallen, spaziert man in
einen Laubwald und räumt ihn leer,
indem man alle Blätter zu einen
enormen Haufen Laub zusammen-
fegt. Mitten im Wald taucht dann ein
großer Hügel auf, und die Wanderer
wundern sich.

Statt einem Monument kann man
auch ein Natur-Kunstwerk kreieren:
Im Frühjahr sind die Wiesen mit
Maulwurfshügeln übersät. In jeden
steckt man nun einen schönen Ast
oder einen langen Zweig! Das geschieht zwar nicht unbedingt zur
Freude des Bauern, aber ohne Zweifel
zum eigenen Entzücken.
Man kann auch den Waldboden
derart von allen Blättern und Nadeln
säubern, dass Gänge und Wege wie
ein Netz sichtbar werden und darin
dann auch noch gleich Fangen spielen. Oder Ahornblätter zu einem
bunten Kreis oder einer Farbkette
arrangieren, die sich durch den
ganzen Wald zieht.
Oder man errichtet beim nächsten
Spaziergang in den Bergen ein
Steinzeichen, eine Steinpyramide,
legt einen Steinkreis oder beschriftet
Kieselsteine mit einem weisen
Spruch.
Blätter, Steine und Zweige: Alles lässt
sich zu geometrischen Gebilden
aufhäufen, zusammenlegen oder
-stecken.

Künstlerbücher sind Unikate, die Objektcharakter haben und «Bücher» genannt werden, auch wenn kein einziges Wort darin geschrieben steht. Man kann z. B. alle Zeichnungen des Dreijährigen sammeln und die einzelnen Blätter später zu einem Buchbinder bringen, der daraus einen wunderschönen Leinenband im Schuber fertigt, mit Lesezeichen und Goldprägung, und in Jahrzehnten seinem dann erwachsenen Sohn überreichen.

Am einfachsten aber beginnt man mit Büroordnern, denen man selbst gemalte Kleisterpapiere überzieht, um darin Skizzen und Zeichnungen zu archivieren. Den ganz Kleinen macht dann allein das Lochen und Abheften der Blätter so viel Spaß, dass sie oft nur malen, um wieder den Ordner hervorholen und den Schließmechanismus betätigen zu können.

Oder man besorgt ein Leer- oder Skizzenbuch und schreibt all die Ketten-Geschichten auf, bei denen reihum jeder einen Satz sagen und die Geschichte in seinem Sinne weiterführen darf. Einer beginnt: *Es war einmal ein Prinz ...!* Darauf der Nächste: *Der wollte nicht arbeiten, und deshalb warf ihn der König aus dem Schloss.* Nun der Dritte: *Der Prinz rief: Ohne mein Pferd gehe ich hier nicht fort!* Nun kommt der Nächste dran ...!

In ein Leerbuch oder ein Fotoalbum notiert man eigene Gedichte, Texte und Ideen und klebt dazu Materialien aller Art ein, von Schnürsenkel bis Kaugummi.

Ein Leerheft ist schnell gemacht: Man malt einen Umschlag, faltet ihn zusammen mit ein paar Blättern und fixiert die Seiten im Falz mit Nadel und Faden, mit Schrauben, Holzdübeln oder Heftklammern.

Auch richtige Bücher zu binden ist nicht schwer: Der Umgang mit Fadenheftung, Rückenleimung und Vorsatzpapier, mit Buchdeckel und Buchblock ist schnell gelernt. Wenn man nicht selbst experimentieren will: An vielen Volkshochschulen werden entsprechende Kurse angeboten.

KAPITEL 8 | *Daheim*

Man benötigt: Zelt

Campen macht immer Spaß! Draußen auf dem Campingplatz, in der freien Natur, aber auch daheim im eigenen Wohnzimmer. Man räumt die Möbel etwas zur Seite und stellt das Zelt auf. Liegematte und Schlafsack hinein, und schon kann man darin übernachten. Kostet nix und reinregnen wird's auch nicht.

Ein Zelt lässt sich auch gut aus Decken, Tüchern und Bettlaken bauen.

Die Kinder werden, noch bevor der Aufbau beendet ist, bereits alles Inventar und Bettzeug zusammengetragen haben und sich streiten, wer wo schläft. Wenn man abends nach einer Portion Pasta das Licht ausmacht, den Fernseher abschaltet und ins Zelt kriecht, dann merkt man nicht einmal, dass man daheim ist. Insgesamt ein wunderbarer Vorgeschmack auf die schönsten Wochen des Jahres!

Wenn man kein Geld für neue Möbel hat und die lederne Sofalandschaft vorerst Wunschtraum bleiben muss, hilft immer das Umzugs-Spiel. Kostet ein Wochenende Arbeit und sonst nix. Kinder haben sowieso immer Spaß am Umräumen, und die Aussicht, ein anderes Zimmer zu beziehen und darin selber festzulegen, was wohin kommt, beflügelt jeden.

Leider sind viele Wohnungen so geschnitten, dass man Räume nicht beliebig wechseln kann, ohne gravierende Nachteile oder Umbauten in Kauf nehmen zu müssen. Aber versuchen sollte man es trotzdem: Das kleine Kinderzimmer mit dem großen Wohnzimmer tauschen oder das Schlafzimmer in ein schönes Spielzimmer verwandeln. Wenn es nicht passt, spielt man am nächsten Wochenende eben «Zurückziehen»!

Man benötigt:
Luftballons

Um ein drei mal fünf Meter großes Zimmer gänzlich mit Luftballons zu füllen, braucht man etwa 4000 Stück. Das ist zu viel, nicht nur wegen der Kosten, sondern vor allem wegen der Pumparbeit, die auf einen wartet. Mit 1000 Luftballons ist der Boden gut bedeckt und die Möbel sind noch sichtbar, aber man muss schon waten und ein enormes Geschiebe in Gang setzen, um von einer Ecke zur anderen zu kommen. Witziger ist freilich, einen Raum bis obenhin einzudecken, sodass man, wenn man die Tür öffnet, entweder gar nicht rein kann oder aber von den Luftballons überflutet und überschwemmt und schließlich ganz und gar begraben wird.

Nun zur Pumparbeit: Gas ist teuer, der Lunge eigene Puste bald verbraucht, und so bleibt letztlich nur Handarbeit mit einer Fahrradpumpe oder, besser noch, einer Pumpe für Schlauchboote. Mit ein, zwei Hüben ist ein Luftballon aufgeblasen. Sind alle Luftballons im Zimmer – für Kinder am besten bis zur Augenhöhe –, dann lassen sich Spiele wie Verstecken und Fangen mit neuem Reiz durchführen. Wenn die Ballons dicht gepackt sind, kann man leicht die Orientierung verlieren, und manche Kinder bekommen Angst. Dann geht man zusammen, Hand in Hand. Andere wiederum sind total fasziniert und nicht mehr hinauszubewegen. Spaß macht es auch, den Schlauch vom Staubsauger umgekehrt zu befestigen, also nun einen Bläser zu haben, und damit die runden Dinger ordentlich durcheinander zu wirbeln. Nach Tagen, wenn die Stimmung umkippt und die Luftballons zu nerven beginnen, kommt das große Schlachtfest. Das übliche Zertreten, ist für kleine Kinder gar nicht so leicht. Am wirkungsvollsten ist immer noch eine spitze Stecknadel. Stopfen Sie sich und den anderen Ohropax in die Ohren und bereiten Sie die Nachbarn auf lautes und langes Geknalle vor.

Ein Dojo ist ein Übungsraum für asiatische Kampfsportarten, aber auch für das Blumenstecken und die Teezeremonie, und das heißt, er ist vor allem eines: nämlich leer. Einen Dojo erstellt man meist ganz nebenbei, nämlich beim Renovieren, beim Teppichverlegen oder Tapezieren. So ein leerer Raum hat seine eigene Magie. Selbst die eigene Stimme klingt darin ganz anders.

Ist der Raum erst einmal leer, sausen Kinder hin und her. Für Kinder ist ein Dojo zwar auch Erlebnisraum, aber zunächst einfach eine köstliche Spiel- und Bewegungswiese und eine Art Mini-Turnhalle.

Simple Spiele wie Abschlagen – alle laufen von einer Wand zur gegenüberliegenden, und der Fänger muss die Hasen mit der Hand abklatschen – kann man nun in der eigenen Wohnung spielen. Wenn nicht rennend, so doch mit Hüpfen, Kriechen oder Robben.

Zudem verfügt man nun über eine eigene Theaterbühne, einen Ballettsaal, eine Konzerthalle und sogar eine Kegelbahn. Ein Dojo eröffnet so viele Möglichkeiten: Zur Einweihung könnte man gleich eine Stehparty feiern!

Man benötigt: Kleidung, Tücher, Decken

Außer zu Faschingszeiten verkleiden wir uns allenfalls für gesellschaftliche Zusammenkünfte wie Hochzeiten, Beerdigungen und Opernbesuche. Kinder hingegen lieben es, die Gestalt zu wechseln, sich zu verkleiden und in Rollen zu schlüpfen, die sich manchmal schneller ändern, als man dem Schauspiel folgen kann. Auf der Suche nach Requisiten durchstöbern sie die elterlichen Kleiderschränke nach einem Hauch von Grazie, nach Klamotten des anderen Geschlechts oder einfach nur nach ein paar Tüchern, die man sich wild um die Schultern schlingen kann.

Einerseits lieben Kinder Accessoires: Schmuck, Ringe, Ketten, Pistolen, Schwerter, Hüte, Patronengurte, Piratenflaggen, Astronautenhelme, Pappnasen, Kanonenkugeln, Schleier, Königskronen, Taschenlampen, Augenschutzbrillen, Degen, Brustschilde und Masken. Andererseits braucht man keinen großen Kostümfundus. Oft genügt schon ein Blatt Papier, in das man zwei Löcher für die Augen geschnitten hat und das man mit einem Gummiband über die Ohren zieht. Zwei, drei

Barthaare drauf gemalt und man ist ein Löwe; zwei, drei schwarze Streifen und man ist ein Zebra.

Nun sucht man ein Motto für das Kostümfest! Die müheloseste Party ist natürlich der Reigen der Gespenster: ein altes Bettlaken, zwei Löcher rein, fertig.

Ein paar weitere Anregungen:

* Die Party der Außerirdischen

* Sträflinge im Gefängnishof (inkl. Ausbruch)

* Naturgeister, Feen und Faune und wilde Gnome

* Alpinistentreff mit Baumkletterei

* Beachparty mit Badegelegenheit in der Badewanne

* Köche kochen kreativ (Kochmützen nicht vergessen!)

* Trapper ziehen westwärts durch den Garten

* Die Feuerwehr rückt aus

* Notarzteinsatz (kopieren Sie die praktische Prüfung aus Ihrem Erste-Hilfe-Kurs und schminken Sie einen Verletzten!)

* Piraten erobern die Insel der Amazonen

* Kinder-Loveparade und Techno-Party

* Künstlerfest (Maler und Literaten, Bildhauer und Galeristen)

* Tiere im Dschungel

* Monster der Genforschung

* Body-Painting (auf abwaschbare Farben achten!)

* Buschmänner-Party

* Schornsteinfeger treffen Bäcker und Ärzte

91.
MODE

Man benötigt:
Packpapier, Farben

Selbst große Modekünstler verwenden für ihre Entwürfe statt Stoff manchmal Papier. Papierkleider zu entwerfen hat den großen Vorteil, dass man nicht nähen können muss, sondern die einzelnen Teile mit Tesa zusammenkleben kann.

Viel Spaß macht es auch, ein weißes T-Shirt zu bemalen, zu bestempeln, zu bedrucken, ein Graffiti zu sprühen oder es mit der Lochzange zu löchern. Außer Textilien und Papier eignen sich ebenso Materialien wie Holz, Bleche, Bänder, Plastikrohre oder Autoreifen, um experimentell zu arbeiten.

Mehr als das Kreieren lieben manche Kinder dann das Herzeigen – die Modenschau!

92.
SPIELE SELBER
ENTWERFEN

Spiele für die Wohnung könnten sein:

- Der ganze Boden der Wohnung ist ein Ozean. Man darf sich nur kraxelnd von Möbel zu Möbel fortbewegen. Wer am weitesten kommt, darf ins Wasser springen.

- Der Teppichläufer im Flur ist ein fliegender Teppich. Papa und Mama lüpfen ihn mit den Kindern darauf.

- Derselbe Läufer dient dazu, die Kinder darin einzuwickeln, und wird sodann durch die Wohnung geschleift.

- Derselbe Läufer wird, mit stehendem Kind darin, zusammengebunden, und nun muss das Kind blind ein paar Meter gehen.

- Alle Kinder müssen versuchen, auf einem Stuhl / Sessel / Hocker Platz zu nehmen, ohne dabei den Boden zu berühren.

- Körperpyramide oder Bremer Stadtmusikanten.

- Das Schlapp-Spiel: Einer liegt am Boden, schlapp wie eine Marionette, die anderen bewegen vorsichtig die Gliedmaßen und prüfen, ob darin noch Muskelanspannung ist.

- Man zerknüllt die Zeitung zu großen Kugeln und spielt Fußball oder wirft sie mit Bande am Türrahmen in die Badewanne oder bewirft sich gegenseitig.

- Man hängt ein Zeitungsblatt straff an eine Leine und durchschießt es mit Hilfe eines Gummis und Papiergeschossen (Krampen, U-Hakerln oder wie auch immer sie regional heißen mögen).

- Einer schleift eine Papierschlange am Boden entlang. Die Kinder versuchen draufzutreten.

- Trampolin-Springen in den elterlichen Betten.

Wenn einem selber nichts mehr einfällt, fragt man die Kinder. Und ganz egal, ob deren Spiele dann funktionieren oder nicht: Wenn's nicht klappt, wird halt ein neues erfunden. Das alte Mensch-ärgere-Dich-nicht etwa: Man zeichnet den Plan groß auf den Boden und spielt mit sich selbst als lebenden Figuren. Dasselbe gilt für Kartenspiele: Eine kleine neue Regel und schon hat man Unterhaltung für mehr als nur Minuten. Manche Kinder sind sehr gewitzt darin, Regeln zu ihrem Vorteil zu erfinden, und die langsameren merken das nicht und wundern sich, warum sie immer verlieren.

Die einen wollen immer der Löwen-Dompteur sein und die anderen nur der Pausenclown. Das Problem beim Zirkus im Wohnzimmer ist, dass viele wichtige Rollen den Besetzungswünschen der Darsteller nicht so recht entgegenkommen und auch Mama und Papa, wenn sie denn überhaupt mitspielen, es meist blöd finden, dass sie selber nun als Seehund Männchen machen und Blechdosen auf der Stirn balancieren sollen, wo sie doch lieber Kapellmeister oder Conferencier wären.

Ein Charakter-Wechsel nach jedem Auftritt beendet das Problem. Das Schöne am Zirkus ist schließlich seine abwechslungsreiche Folge von Attraktionen, und wenn's ein Murren gibt, so ist es in der nächsten Runde schon wieder vergessen, wenn man nun statt Pinguin Hochseilartist oder Zuckerwatteverkäufer spielen darf. Lustig sind Doppelrollen, man stellt gleichzeitig z. B. Löwe oder Dompteur dar.

Man benötigt: Papier, Stifte, Farben

Gibt es denn nichts anzukündigen? Keinen Geburtstag? Keine Feier? Keinen Verwandtenbesuch? Macht nichts, dann malen wir eben ein Hinweisschild oder einfach nur eine plakative Botschaft – und wenn es nur der eigene Name ist, den man dann von außen an die Tür klebt.

Worauf es hier ankommt, ist nicht das Plakat an sich, sondern das Arbeiten mit einem großen Format, bevorzugt DIN-A0. Manche Kinder können sich da sogar der Länge nach drauflegen, ihren Körperumriss nachziehen lassen und die Linie dann ausfüllen mit bunten Farben.

Statt teurem Zeichenpapier kann man natürlich auch Packpapier von der Rolle nehmen und entwirft nun ein meterlanges Werbeplakat. Vielleicht für den Zirkusauftritt am nächsten Wochenende?

95.
SCHMINKEN

Die wichtigste Regel gleich am Anfang: Geschminkt wird nicht mit Kosmetika. Nicht weil das Zeug zu teuer wäre – es macht einfach zu wenig her. Besser, man nimmt zum Beispiel Heilerde: Feucht anrühren, fingerdick auftragen, und nach fünf Minuten schaut jeder aus wie ein Geschöpf von Doktor Frankenstein. Sehr Furcht erregend wirkt auch Quark, der einen schön leichenblass färbt. Aber im Grunde kann man alle Lebensmittel verwenden, die optisch beeindrucken: Karottenbrei, Schokocreme und Erdnussbutter. Mit viel Ketchup im Haar wird man zum Star einer jeden Halloween-Party. Man schminkt also keinen Schönheitskönig heran und auch keine Königin, sondern ein Monster, ein Untier, eine Ausgeburt der Hölle! Neben Lebensmittelfarben sollte man auch Gartenerde oder Lehm probieren.

Man kann sich auch vollständig mit Mehl bestäuben. Stroh und Gras dienen für Perücken, ein paar Stoffreste als Kostüm, und schon hat man die gruseligste Monsterparty im Haus.
Zur Sättigung der Monster rührt man Drinks und bereitet Snacks in den grellsten Tönen mit Lebensmittelfarben, als wäre man im Labor von Dr. Jekyll und Mr. Hyde.

96.
FRISEUR

Wer wollte nicht schon immer die Unsummen sparen, die man regelmäßig beim Friseur lässt. Nichts einfacher als das: Kinder, durch jahrelangen Schönheitsdienst an Barbie-Puppen geübt, wissen genau, was zu tun ist. Nur Mut! Übergeben Sie den Kindern den Friseur-Job! Vielleicht sollte man diese Aktion besser an den Urlaubsanfang legen, damit nachwachsen kann, was ein junger Haardesigner im kreativen Überschwang zu viel weggenommen hat.

Oder, harmloser: Sie reichen nur Kamm und Bürste weiter und lassen sich den Scheitel von rechts nach links legen oder von vorne nach hinten. Dokumentieren Sie die Ergebnisse des Stylisten mit einem Foto, denn manches, was der Nachwuchs kreiert, sieht gar nicht so schlecht aus, und das sieht man am besten hinterher auf einem Bild. Außerdem erinnert es die Väter später an die Zeiten, als es noch was zu frisieren gab.

97.
EINKAUFEN

Viele Kinder unter fünf Jahren lieben das Einkaufsspiel und besitzen manchmal einen richtigen Laden aus Karton und kleine Lebensmittelimitate aus Holz.

Mit größeren Kindern spielt man das ganze real und übergibt den Wochenend-Einkauf in die Hände der Kinder. Man bringt sie allenfalls hin in den Supermarkt, gibt ihnen reichlich Geld, holt sie an der Kasse wieder ab und kümmert sich ansonsten um nichts. Alles andere obliegt nun ihnen. Kritisieren Sie die Auswahl nicht. Denken Sie im Notfall daran, das nächstgelegene Restaurant aufzusuchen oder sich bis Montag früh mit Schokoriegeln und Zuckerwasser durchzuschlagen.

Kinder lieben es zu kochen. Nicht weil sie dann den Eltern heimzahlen können, was diese jahrelang an ihnen ernährungstechnisch (und geschmacklich sowieso) verbrochen haben, sondern weil sie darin ihr Kindsein zurücklassen können und Herrscher und Herrscherin über ein Refugium werden, das den Erwachsenen so wichtig ist, dass manchen Essen & Trinken fast als Lebensinhalt erscheint.

Selbstverständlich ist die Küche an diesem Tag für die Erwachsenen tabu, und natürlich müssen Sie dann auch aufessen, was die Kleinen so liebevoll aufgetischt haben. Das ist in der Praxis meist kein Problem und mag an der großen Zahl industriell hergestellter Nahrungsmittel liegen, die als Dosen- oder Tiefkühlware nur ihrer Verpackung zu entnehmen und zu erhitzen sind. Aber Kinderhand kann mehr: Selbst Zubereitungen wie Pfannkuchen oder Rührei mit Schinken stellen keine unüberwindlichen Anforderungen dar und gelingen oft überraschend gut.

Man benötigt:
Mehl, Ei, Wasser, Sugo

Alle Kinder lieben Spaghetti, und Spaghetti auch noch selber zu machen ist das Größte. Man nimmt 300 g Weizenmehl, drei Eier, einen Teelöffel Salz und eine Tasse Wasser und knetet daraus einen Teig. Das ist harte Arbeit. Nun muss der Teig eine halbe Stunde ruhen. In dieser Zeit bereitet man die Soße zu.

Dann kommt der Hauptteil, das Auswalzen des Teiges auf gut bemehlter Unterlage. Jetzt nimmt man ein Messer und schneidet dünne oder dicke Nudeln aus dem Teig. Man muss sich nicht an die Formen industriell hergestellter Nudeln halten, sondern kann eigene erfinden. Warum nicht auch die Ausstechformen für das Weihnachtsgebäck benutzen? Wenn der ganze Teig verarbeitet ist, gibt man die Nudeln ins Wasser, und wenn sie an die Oberfläche steigen, sind sie gar. So einfach ist das!

Rufen Sie Freunde, Bekannte und Miteltern spontan zusammen! Nehmen Sie den erstbesten Beweggrund und veranstalten Sie ein Fest! Mit oder besser noch ohne große Vorbereitung. Ein Kostümfest, eine Spieleparty, ein Festessen, einen Tanznachmittag. Am besten erhebt man die dümmsten Einfälle zum Motto der Party. Die erwachsenen Gäste werden darüber die Nase rümpfen, aber den Kindern ist es meist eine Freude, wenn etwas vom Üblichen abweicht. Motti gibt es viele:

- Brezeln-schmier-Party:
  Wer schmiert die schönste und schnellste Butterbrezel?

- Die Teller-zerdepper-Party.
  Jeder bringt altes Geschirr mit.

- Die Barmixer-Party. Jeder denkt sich einen Drink aus.

- Kinder-Kino-Video-Festival.
  Jeder zeigt seinen Lieblingsfilm.

- Die Seifenblasen-Party.
  Großer Rezepteaustausch.

- Die Baum-Schaukel-Party.
  Mit neuen Konstruktionen.

- Die Laut-sein-dürfen-Party.
  Gebrüll erlaubt.

- Die Mohrenkopf-Party.
  Alles, was dick macht.

- Lagerfeuer.
  Mit Würstchengrillen.

- Pfannkuchen-Wettbewerb.
  Wer kriegt am meisten runter.

- Holzhacker-Party. Wir sind die lustigen Holzhacker-Buam ...

- Schlauch-spritz-Party.
  Garantiert mit nassen Kleidern nach Hause gehen.

- Gummireifen-Party.
  Das beste Trampolin bauen.

101.
CHAOSTAG

Chaostag heißt nicht, plündernd durchs eigene Wohnzimmer zu ziehen und eine Spur der Zerstörung zu hinterlassen.

Chaostag heißt, einen familiären Rahmen zu schaffen, wo das zu sagen und das zu tun erlaubt ist, was sonst verboten ist. Also: Verbieten verboten und verboten, was geboten. Es ist nicht kompliziert und macht viel Spaß! Man dreht einfach alles um und stellt alles auf den Kopf. Es ist sozusagen die Explosion der Kreativität. Damit der familiäre Frieden nicht gleich zu Anfang leidet, sollte man zunächst nur einen einzelnen kleinen Chaoten zulassen, dem dann andere folgen, bevor man es mit einer ganzen Chaostruppe aufnimmt. Am Schluss können dann auch die Erwachsenen mitmachen.

102.
VERREISEN

Verreisen bedeutet, dem Alltäglichen eine neue Bedeutung zu geben, es anders wahrzunehmen und zu interpretieren, und dafür ist es nicht nötig, sich weit fortzubewegen.

Verreisen kann man ebenso gut in Gedanken, in dem man beispielsweise einen italienischen, spanischen oder französischen Tag ausruft, an dem spezielle Gerichte gekocht werden und der Tisch entsprechend dekoriert wird. Man kann sich auch vorstellen, zu einer Hochzeit eingeladen zu sein, und tafelt dann fürstlich mit Silber und bestem Porzellan, in feinster Garderobe und mit exzellenten Tischmanieren. Sonntage eignen sich vorzüglich zu Kleinstreisen, indem man z. B. dem Besuch bei den Großeltern ein Motto voranstellt, das einen neuen Blick auf die vertrauten Dinge eröffnet: z. B. «Vorstoß zur Quelle des Nils», «Astronauten erforschen einen fremden Planeten», «Im Völkerkundemuseum».

KAPITEL 9 | *Kultur*

Man benötigt: Kamera, Drehbuch, Idee

Mit Film ist selbstverständlich nicht das Abfilmen irgendeines beliebigen Kindergeburtstages gemeint und auch kein erster Schultag und keine Firmung, die dokumentarisch der Nachwelt zu erhalten Pflicht und Obliegenheit wäre. Film heißt: richtiger Film. Spielfilm. Dokumentarfilm. Feature. Reportage.

Suchen Sie nicht lange nach Themen. Das Erstbeste ist willkommen. Etwa: *Wie man Schuhe bindet. Ein Spaziergang ums Haus. Ein Freund kommt zu Besuch. Auf der Suche nach den letzten wilden Tieren. Wie man Pizza backt. Pietri Lasagne, der Goldhamster. Wir klettern auf einen Baum. Das große Apfelessen. Quiz-Show. Die Piraten. Wie kommt das Loch ins Holz? Herbststurm.*

Allesamt keine abendfüllenden Spiel-, eher sehr kurze Kurzfilme, und auch der Unterhaltungswert hält sich meist in privaten Grenzen. Letztlich ist das Ergebnis auch nicht so wichtig, weil der Prozess des Filmens an sich, das Planen, Ausstatten und Schauspielern, schon genug Gewinn in sich selber trägt.

Wenn man nicht über technisches Equipment verfügt, seinen Film also nicht schneiden kann, muss man chronologisch drehen und darf dabei auch keine Fehler machen, solange man sie nicht sofort erkennt und die Szene wiederholt. Was im Kasten mal drin ist, ist drin. Dieser Umstand verlangt ein Mindestmaß an Planung, um eine Handlung in filmische Sprache zu übersetzen. Man muss vorher festlegen, was man filmen will und wie. Kinder lernen dabei schnell, was ein Storyboard ist, und sie finden auch bald heraus, dass man eine Handlung von verschiedenen Punkten aus erzählen kann, z. B. vom Ende oder vom Objekt her – und dann lässt man den Hamster selber erzählen, statt über ihn zu berichten. So wird aus einem Geschehen eine Geschichte. Wirklichkeit ist das, was man draus macht.

Was das Theater gegenüber dem Film auszeichnet, ist seine spontane Realisierbarkeit. Im Grunde braucht man nicht einmal Zuschauer dazu. Die Freude am Spiel genügt sich selbst; ad hoc improvisiert man eine kleine Szene. Nicht einmal eine Bühne ist dafür nötig. Es genügt, zwei Stühle beiseite zu schieben.

Denken Sie sich ein paar harmlose Szenen aus, die Kindern verständlich sind. Bald werden sich die Kinder eigene Geschichten überlegen. Zum Beispiel folgende:

✸ Restaurant / Ober / Gast; z. B.:

Herr Ober, die Suppe ist kalt.
Das kann nicht sein, mein Herr, alle unsere Suppen verlassen warm den Topf.
Herr Ober, diese Suppe kam aber kalt an meinen Tisch, und ich möchte, dass Sie die Suppe zurücknehmen.
Tut mir Leid, mein Herr, wir nehmen grundsätzlich keine gebrauchten Suppen zurück; möchten Sie vielleicht lieber etwas Süßes?
Ich möchte den Geschäftsführer sprechen …!

✸ Straße / Fremder / Spaziergänger; z. B.:

Entschuldigen Sie, ich suche die Hermann-Hesse-Straße.
Ach, wirklich?
Ja, wirklich; kennen Sie sie?
Aber selbstverständlich.
Na, und wo finde ich sie?
Lassen Sie mich mal überlegen, gerade hab ich's noch gewusst.
Also wissen Sie's jetzt oder nicht?
Wollen Sie mich beleidigen?
Nein, um Gottes willen!
Also, dann warten Sie bitte, bis es mir wieder einfällt …!

✸ Telefon / Gatte / Gattin; z. B.:

Hermann, wie gut, dass ich dich erreiche, wir haben hier einen Wasserrohrbruch, und der ganze Teppich steht schon unter Wasser, was soll ich bloß machen?
Elfriede, bist du es, warte einen Moment, ich hab da noch einen Kunden auf dem anderen Apparat.
Hermann, hörst du, das Wasser steigt immer mehr, ich weiß nicht, was ich tun soll.
Elfriede, keine Panik, jetzt beruhige dich erst mal, mach dir

mal einen Tee und dann ruf mich wieder an, ich bin jetzt sehr im Stress!

Hermann, du kannst jetzt nicht auflegen, das Wasser, also der Hahn ist kaputt, und das sprudelt hier so raus, und es steht mir schon zu den Knöcheln!

Elfriede, sprich nicht so mit mir; du weißt, ich kann nicht leiden, wenn man mit mir schreit; ich leg dich mal auf die andere Leitung ...

☀ Autofahrer / Polizist; z. B.:

Sie sind zu schnell gefahren.

Ach wirklich, wie schnell denn?

135 Stundenkilometer.

Was, so schnell fährt mein Auto? Das hätte ich nicht gedacht.

Doch, wir haben das gemessen.

Nein, so was, was für ein Mühe Sie sich machen und warten hier die ganze Zeit, bis ich vorbeikomme, extra um mich zu messen.

Wir messen nicht Sie persönlich, sondern alle Autofahrer.

Ach nein, da bin ich jetzt aber enttäuscht, ich dachte, Sie wollten mir persönlich eine Freude machen, es heißt ja immer «Die Polizei, dein Freund und Helfer» ...

☀ Supermarkt / Kassiererin / Kunden; z. B.:

Entschuldigung, ich hab noch was vergessen, bin gleich wieder da.

Warum geht's denn da vorn nicht weiter?

'tschuldigung, aber ich finde Dr. Bretzelburgers Toilettenspray Waldesluft nicht!

Erste Etage, dritter Gang, zweite Reihe, viertes Regal, links unten neben dem Klopapier, aber noch vor den Ohrenstäbchen.

Äh, ja, danke!

Was ist jetzt hier, warum geht hier nichts vorwärts?

Die Kundin ist noch nicht zurück.

Welche Kundin, ich sehe keine Kundin. Hören Sie, ich hab's eilig, ich hab Frau und Kind zu Hause, darf ich bitte vor?

Da könnte ja jeder kommen.

Wo ist denn jetzt die Dame?

Machen Sie mal eine zweite Kasse hier auf!

Hier bin ich wieder, tut mir Leid, dass ich so vergesslich war. Ach wo ist denn jetzt meine Geldbörse hin ...

Variation:

Pantomime, Schattenspiel, Puppentheater

Quiz zu spielen ist einfach: Einer fragt, alle anderen raten. Da sind zum einen die Wissensfragen nach dem längsten Fluss, dem höchsten Berg und dem größten Tier, die voraussetzen, dass man in Geographie oder Zoologie etwas Bescheid weiß. Einfacher ist Buchstaben-Quiz. Sag uns ein Tier mit Anfangsbuchstaben «B»!

Oder mit Zahlen: Nenne Dinge, die zwei / drei / vier / fünf Teile haben. (Zwei Beine, Hocker mit drei Beinen, Auto mit vier Rädern, Hand usw.)

Oder Ereignis-Erinnern: Wir waren mal wo, wo man Eintritt zahlen muss. Kino? Nein, da war ein großes Gelände. Fußballplatz? Nein, aber da waren auch ganz viele Leute. Freiluftkonzert? Nein, wir haben gestritten, weil der Peppi woanders hingehen wollte. Vergnügungspark? Nein, es gab da nicht nur Menschen. Ah, im Zoo! Genau!

Oder einen Gegenstand beschreiben: Also, mein Gegenstand ist rund. Fußball? Nein, aber Luft ist drin. Ein Ball? Nein, aber man kann damit auch spielen. Keine Ahnung. Wisst ihr es nicht? Es ist mein Schwimmreifen.

Oder Wortfelder finden. Was gehört alles zu einem Auto? Türen, Räder, Reifen, Stoßstange, Steuer, Tacho … Was findet man alles in einem Wohnzimmer? Welche anderen Wörter gibt es für «gehen»? Und für «essen»?

Oder jeder muss einen Satz sagen, und darin darf kein Wort mit beispielsweise s / u / e / p … beginnen. Wer kann den längsten Satz richtig rückwärts aufsagen?

Man kann auch Blumen-, Tier- und Vornamen in bekannter Stadt-Land-Fluss-Manier sammeln.

Wem nichts mehr einfällt, der muss ein neues Thema vorgeben.

106.
LEXIKONSPIEL

Man benötigt: Fremdwörter-Duden, Stift, Papier

Dies ist ein Spiel, das man mit größeren Kindern spielen kann – oder mit spielfreudigen Erwachsenen, die sich darüber wie Kinder freuen können. Sie brauchen einen Spielleiter, fünf bis sieben Mitspieler und einen Fremdwörter-Duden oder ein Konversationslexikon.

Der Spielleiter, der nach jeder Runde wechselt, wählt ein Fremdwort aus, das garantiert keiner der Mitspieler kennt, z. B. *Krida, Gault, Testazee* oder *autokephal*.

Nun bekommt jeder, auch der Spielleiter, einen Zettel, die alle gleich aussehen müssen, und notiert darauf eine Definition dieses Fremdwortes, so wie sie auch im Lexikon stehen könnte. Nur der Spielleiter schreibt statt einer ausgedachten die richtige Definition aus dem Lexikon auf seinen Zettel, alle anderen denken sich etwas Naheliegendes oder etwas völlig Abstruses aus – egal was, Hauptsache, es klingt glaubwürdig und überzeugend.

Wenn alle fertig sind, sammelt der Spielleiter die Zettel ein, mischt sie und liest mit ernsthafter Miene alle nacheinander, auch seinen eigenen mit der richtigen Definition, der Reihe nach vor – und dann noch einmal zum Entscheiden.

Die Mitspieler hören zu, schätzen den Wahrheitsgehalt ein, legen sich auf eine Erklärung fest, deren Wahl der Spielleiter auf einem Spielplan kurz notiert, damit man nicht durcheinander kommt und nach der Auflösung noch weiß, wer was getippt hat.

Nun ist die Spannung natürlich groß. Der Spielleiter trägt zuerst die falschen Begriffserklärungen vor und gibt dann die richtige Definition bekannt und damit das Ergebnis: Jeder Spieler erhält zehn Punkte, dessen Worterklärung von einem anderen Spieler als die richtige ausersehen wurde. Seine eigene zu wählen ist natürlich nicht erlaubt. Darum muss jeder seinen Namen auf das Blatt schreiben. Für die richtig geratene Lexikon-Definition erhält man fünf Punkte.

Nun geht die Runde weiter, und der Nachbar wird zum nächsten Spielleiter und sucht nun seinerseits ein Wort.

Mit diesen wenigen Mitteln – Lexikon, Stift, Papier – sind unvergessliche Abende herbeizuzaubern und Stun-

den vergnüglichst zu verbringen,
ohne dass auch nur die Spur von
Langeweile auftauchen würde.
Man kann beim Lexikon-Spiel die
größten Lügen auftischen, ohne dass
es einer merkt, und das Blaue vom
Himmel herunter erzählen, und
garantiert bekommt man von irgend-
jemandem aus der Runde Punkte
dafür.
Als Spielleiter kann man durch sanft
modulierende Betonung, unange-
messen seriöses Sprechen und
taktisch klug inszeniertes Lächeln
die Mitspieler vollkommen verwirren
und vollends auf die falsche Fährte
bringen.
Was für ein Spaß!

Die einen raten, man solle mit dem
Text beginnen, die andern hingegen
machen sich zuerst Gedanken über
die Melodie. Wie auch immer man
vorgeht, einen Schlager selber zu
komponieren macht so viel Spaß,
dass man sich damit am liebsten
gleich um den Grand Prix d'Eurovision
bewerben möchte.

Wenn niemand dabei ist, der Noten
aufschreiben kann, dann ist es gut,
einen Kassettenrecorder mitlaufen
zu lassen, denn unter all den verschiedenen Melodieentwürfen wird
es irgendwann schwierig werden,
sich an die ersten und meist besten
zurückzuerinnern. Das Gleiche gilt für
die Texte, die man von Anfang an
mitschreiben sollte. Wegwerfen kann
man die Blätter dann immer noch,
und das Band löschen übrigens auch.
Es ist erstaunlich, welch fetzige
Lieder man mit Kindern komponiert:
eine Musik, die mit Schlagern aus
dem Radio durchaus konkurrieren
kann. Wenn man Spaß dabei findet,
kann man sogar eine Familien-CD
brennen.

Die Betonung liegt auf «big»: Jeder macht mit, egal mit welchem Instrument.

Besonders gut gelingt die Big Band, wenn man alle Freunde der Kinder dazu einlädt und damit ein Orchester von zwanzig oder dreißig Köpfen zusammenbringt.

Richtige Instrumente sind nicht so wichtig, denn der Rhythmus steht im Vordergrund. Jede Samba-Truppe lehrt einen das. Was Sie brauchen, sind viele Kinder und viele Schall- und Klangwerkzeuge, egal ob Töpfe, Rasseln, Rohre, Scheppern, Blech und Stößel – Hauptsache, schön laut. Dazu noch einen Vortrommler, der den Takt angibt.

Man benötigt:
Projektor, Dias

Der Witz dabei sind nicht die Dias, sondern die Projektionsflächen. Statt die Lichtbilder im Wohnzimmer auf die Leinwand zu werfen, geht man nach draußen.

Am einfachsten ist es, den Diaprojektor auf die Fensterbank zu stellen und die Dias auf die gegenüberliegende Hauswand zu werfen, in die Wohnzimmer der Nachbarn sozusagen, oder damit gleich die ganze Straße zu illuminieren. Leider sind viele Heimprojektoren nicht für weite Distanz eingerichtet und liefern deshalb nur unscharfe Bilder.

Effektvoll kann man Dias auch in den nächtlichen Regen projizieren, in das Auf und Ab der Fontänen eines Rasensprengers oder gleich in die Gästeschar, die man gebeten hat, ganz in Weiß zu erscheinen und die nun als lebende Leinwand dient.

Viel Spaß macht es auch, am Computer farbenprächtige Bilder mit Texten und Botschaften zu entwerfen und den Bildschirm abzufotografieren. Das nächste Fest verwandelt sich dann in eine visionäre Farbschau.

110.
ROLLENTAUSCH

Aus der Sicht eines Kindes wirkt die Welt der Erwachsenen grotesk. Stühle sind wie Wolkenkratzer, Tischbeine ein dunkler Dschungel und Erwachsene tapsige Monster. Rollentausch bedeutet, wenn auch nicht für einen ganzen Tag, so doch für einige Stunden ein anderer Mensch zu sein, nämlich Kind statt Erwachsener und Erwachsener statt Kind. Rollentausch führt immer zu größter Konfusion. Die Eltern, wieder Kinder, müssen sich von den Kindern, jetzt erwachsen, alles sagen lassen und natürlich Kindermaß haben, sich also in der Hocke fortbewegen oder auf allen vieren. Allein das bringt schon Gelächter ohne Ende. Zum Beispiel kommt man jetzt nicht mehr an den Kühlschrank heran, und auf den Esstisch blicken kann man nur, wenn man auf den Stuhl klettert. Dass man die Klingel nicht erreicht, ist noch zu tolerieren, aber wie sich auf die Kloschüssel schwingen?

Das Nächste ist die Sprache. Reden Sie mal für eine halbe Stunde wie ein Zweijähriger, der das, was er will, nur lallend, deutend und bettelnd zu Auge und Gehör zu bringen vermag. Das ist ebenso lustig, wie es überraschend sein kann, wie gut Kinder die Erwachsenensprache und -gestik beherrschen!

Reportage heißt, etwas so zu erleben, dass man anderen hinterher darüber berichten kann. Berichten, nicht erzählen, schwärmen oder verulken. «Reportage» heißt ja wörtlich, etwas zurückzubringen, und das bedeutet, dass man mit einem Auftrag unterwegs ist. Man ist Kundschafter, und dies verändert das eigene Sehen kolossal.

Zum Beispiel im Zoo. Dort schickt man den einen zu den Affen, den anderen zu den Eisbären und den Dritten zu den Löwen mit einem kleinen Arbeitsauftrag: *Welches Tier bewegt sich wie, welches schläft immerzu, welche Laute sind zu hören, womit haben sich die Tiere beschäftigt?* Für viele Kinder ist es eine aufregende Sache, vielleicht zum ersten Mal ganz alleine loszuziehen und niemanden bei sich zu haben, dem sie die erlebten Sensationen – *Schau mal Mami, ein Affe!* – unmittelbar mitteilen könnten. Vielleicht will künftig jemand einen Fotoapparat mitnehmen, ein Diktiergerät, eine Videokamera oder gar ein Skizzenbuch, um das Erlebte festzuhalten.

Warum nicht auch den nächsten Familienausflug journalistisch bearbeiten? Man legt sich ein Ereignisbuch zu, darin man über die Tour mit Bild, Text, Zeichnung, Wegbeschreibung und Wetterverhältnissen berichtet und auch noch eine Reliquie hineinklebt, wie einen Steinsplitter, einen Grashalm oder einfach nur ein Stück Rost, das man des Weges gefunden hat.

Zeitung ist die Steigerung von *Reportage* und eine ausgezeichnete Beschäftigung für einen Sonntagnachmittag, insbesondere dann, wenn man über einen PC verfügt.

Zeitung ist auch deshalb eine so gute Spielmöglichkeit, weil dabei wirklich jeder einen Beitrag liefern kann und am Ende ein Produkt herauskommt, das man mit sich herumtragen und herzeigen kann. Eine Zeitung duldet alles zwischen ihren Seiten, was nicht zu stark aufträgt, also auch Blätter, Zweige, Essreste nebst Kochrezept und Degustationskritik.

Auch ohne PC, also nur mit Schreibmaschine oder gar nur handschriftlich, lassen sich wunderbare Magazine erstellen, die im Kopierladen vervielfältigt und dann geheftet, gebunden, geschnürt, geklebt oder gezwickt werden.

Man beginnt mit einfachen Texten, zeichnet Skizzen, Illustrationen, führt ein Interview oder schreibt eine Filmkritik. Während die Reporter herumsausen und recherchieren, überlegen die Redakteure schon mal die Gestaltung und das Layout.

Zum Schluss wählt man einen knalligen Titel und verkauft das fertige Heft z. B. an Oma und Opa.

Wir alle lieben Listen. Die 100 besten Bücher, die aktuellen Kinorenner, die Hitparade und die Fußballtabelle. Es gibt Bücher nur mit Listen zu allem Möglichen, und auch selber kann man einen ganzen Nachmittag mit dem Erstellen von Rankings verbringen und viel Spaß dabei haben.

Mit größeren Kindern macht man Zehner-Listen: *Meine zehn Lieblingsgerichte. Meine zehn Lieblingsfilme. Meine zehn Lieblingskleidungsstücke. Meine zehn größten Lügen.*

Für kleinere Kinder sind Dreier-Listen einfacher zu bewältigen: *Meine drei Lieblingstiere. Meine drei Lieblingsspielzeuge. Meine drei Lieblingsbücher.*

Andersherum geht es natürlich auch: *Die drei Freunde, die ich am wenigsten ausstehen kann. Die drei Speisen, die ich nicht mag. Die drei Dinge, die ich am allerwenigsten leiden kann. Meine drei größten Ängste. Die drei dümmsten Lehrer.*

Manchmal lohnt es sich, diese Listen aufzubewahren, damit man nach Jahren nachlesen kann, was einem einmal wichtig oder verhasst war.

Nie wieder nörgelnde Kinder auf dem Rücksitz!

Henriette Bunne
Annette Overkamp
Wann sind wir endlich da?!
111 Spiele und Geschichten
für lange Reisen mit Kindern
136 Seiten · broschiert
€ **9,90 (D)** · sFr 18,90 · € 10,20 (A)
ISBN 3-8218-3553-2

Vor die Ankunft am Urlaubsort hat der Herrgott die Reise gesetzt,
und ganz egal, ob man im Flugzeug, im Zug oder im Auto unterwegs ist:
ziemlich bald, nachdem sich die erste Aufregung gelegt und die letzte
Milchschnitte verdrückt ist, geht die Geduld der Kinder zu Ende.
Es sei denn, sie bekommen eine faszinierende Beschäftigung. Ein Rätsel,
eine spannende oder lustige Geschichte zum Vorlesen, ein Spiel.

Die besten Reiseablenkungen präsentiert dieses Buch: von »Ich sehe
was, was du nicht siehst« über »Hellseher unterwegs« bis zum »Tee-
kesselchen« und vielen anderen Logik-, Wort- und Fingerspielen.

Spiele und Geschichten für Kinder zwischen 3 und 13 –
und für ihre Eltern.

 Eichborn.
Kaiserstraße 66
60329 Frankfurt
Telefon: 069 / 25 60 03-0
Fax: 069 / 25 60 03-30
www.eichborn.de

Wir schicken Ihnen gern ein Verlagsverzeichnis.

Foto: Steffen Döhren

mit kindern leben – Lern-Software

Lernprogramme für Kinder aller Altersstufen, von Praktikern getestet und bewertet

Hilfe für alle Schüler, Eltern und Lehrer von Deutschlands «Edutainment-Papst» (die Computerzeitschrift c't) und führendem Experten für Kinder und Computer. Gemeinsam mit Praktikern bewerten Thomas Feibel und seine Mitarbeiterin Maren Steinhoff 100 Programme für Vorschule, die Lernbereiche Deutsch, Fremdsprachen, Gesellschaft, Kunst, Musik, Mathematik, Naturwissenschaften und zu fachübergreifenden Themen. Mit der übersichtlichen Präsentation und den klaren Kriterien finden Lehrer die besten Helfer für den Unterricht und Schüler die richtige Vorbereitung und Unterstützung.

Thomas Feibel
Die beste Lern-Software
Alle Wissensgebiete
Von Schülern getestet
Von Lehrern empfohlen
3-499-60989-4

3-499-60989-4

6069/1